Famous Universities

赠

奖

莘莘学子

这是最美的奖品

这是特别的礼物

这是放飞的梦想

这是深情的祝福

第一章

CHAPTER 1

中国篇

北京大学

Peking University

北京大学（简称“北大”），始创于1898年，初名京师大学堂，是中国第一所国立综合性大学，1912年改为现名。1937年卢沟桥事变后，北大与清华大学、南开大学南迁长沙，共同组成长沙临时大学。不久，临时大学又迁到昆明，改称国立西南联合大学。抗日战争胜利后，北大于1946年在北平复学。2000年，北京医科大学并入北大。北大现有6个校区，分别是燕园校区、医学部校区、昌平校区、大兴校区、无锡校区、深圳研究生院校区。北大是国家培养高素质、创造性人才的摇篮，是国家科学研究的前沿和知识创新的重要基地。北大是当今中国最顶尖的综合性大学，是国际上最具知名度的中国大学。

北大是新文化运动的中心和五四运动的策源地，是中国最早传播马克思主义和民主科学思想的发祥地，是中国共产党最早的活动基地。爱国、进步、民主、科学的传统精神和勤奋、严谨、求实、创新的学风在这里生生不息、代代相传。百余年来，这里培育了中国几代最优秀的学者，陈独秀、李大钊、毛泽东、鲁迅、胡适等一批杰出人才都曾在北大任职或任教；这里走出了400多位中国两院院士，中国人文社科界有影响的人士很多都出自北大。

清华大学

Tsinghua University

清华大学（简称“清华”），始建于1911年，前身为清华学堂，1928年更名为国立清华大学，校名“清华”源于校址“清华园”地名。学校位于首都北京，分东西两个校区，东校区位于北京朝阳区光华路，西校区位于北京海淀区双清路清华园。风景秀丽的清华园曾是清代皇家园林，清华也是中国最美丽的大学之一。1952年全国高等学校院系调整后，清华大学成为了一所多科性工业大学，重点培养工程技术人才，曾被誉为“红色工程师的摇篮”。1999年，中央工艺美术学院并入清华；2012年，中国人民银行研究生部并入清华。

“自强不息、厚德载物”的校训、“行胜于言”的校风、“严谨、勤奋、求实、创新”的学风、“爱国奉献、追求卓越”的精神，塑造了清华人的意志品质，涵养了清华人的气度风范。百余年来，清华涌现了一大批学术大师、兴业英才、治国栋梁。从这里走出了2位共和国主席、7位中共中央政治局常委、14位“两弹一星”功勋奖获得者、约600位院士。清华面向世界学术前沿和国家重大战略需求，填补了一项又一项空白，取得了一个又一个突破，现已发展成为国家科学技术和思想文化创新的重要基地。清华是当今中国最顶尖的综合性研究型大学，是世界著名的高等学府。

中国
China

中国科学院大学

University of Chinese Academy of Sciences

中国科学院大学，1978年正式建校，校名为中国科学技术大学研究生院，是新中国第一所研究生院。2000年，学校改名为中国科学院研究生院。2005年，中国科学院管理干部学院并入。2012年，更名为中国科学院大学。学校由京内的四个校区（玉泉路、中关村、奥运村、雁栖湖）、京外的五个教育基地（上海、武汉、广州、成都、兰州）和分布在全国的116个培养单位组成。它是一所以科教融合为办学模式、研究生教育为办学主体、精英化本科教育为办学特色的创新型大学。

学校与中国科学院直属研究机构在管理体制、师资队伍、培养体系、科研工作等方面高度融合。学校的核心使命是利用科教融合平台，遴选中国科学院最优质教育教学资源，提供给研究生和本科生，培养造就德才兼备的科技创新创业人才。它培养了新中国第一位理学博士、第一位工学博士、第一位女性博士、第一位双学位博士，培养了全国约四分之一的杰出青年科学基金获得者。建校以来，所培养的学生有137名当选为两院院士。

复旦大学

Fudan University

　　复旦大学始创于1905年，原名复旦公学，1917年定名为复旦大学，是中国人自主创办的第一所高等院校。校名取自《尚书大传》中“日月光华，旦复旦兮”，意为做人当如日月，每天都放出光华，自强不息。2000年，复旦大学与上海医科大学合并，组建成新的复旦大学。学校位于上海市，有邯郸、枫林、江湾、张江四个校区。学校现有两院院士51人（含双聘），资深教授13人，国家杰出青年科学基金获得者118人。

复旦大学始终站在时代的前列，着眼国家民族的未来，培养具有人文情怀、科学精神、专业素质的领袖人才。复旦大学的诸多专业都属全国一流，学校有29个学科位列世界前100。经过百余年的发展，今天的复旦大学已成为国内顶尖、世界知名的综合性研究型大学。

中国人民大学

Renmin University of China

中国人民大学（简称“人大”），是中国共产党创办的第一所新型正规大学，学校的前身是1937年诞生于抗日战争烽火中的陕北公学，以及后来的华北联合大学和华北大学。学校形成了“人民共和国建设者”的摇篮、人文社会科学高等教育的重镇、马克思主义教学与研究的高地三大办学特色，被誉为“在我国人文社会科学领域独树一帜”。学校积极发挥“思想库”“智囊团”的作用，党的十六大以来，人大教授曾11次为中央政治局集体学习作报告、10次为全国人大常委会作专题讲座，一大批教师为中央领导和中央国家机关提供决策咨询。

人大充分发挥人文社会科学学科在全国高校的优势，积极培养高素质、高层次的理论型、管理型优秀人才，培养“人民共和国的建设者”。从这里走出了许多成就卓著的专家学者、闻名遐迩的企业家、政绩斐然的党政军高级干部，以及卓有建树的新闻、法律、文学艺术和科技工作者。人大已形成“主干的文科、精干的理工科”的学科发展体系 。先后同哈佛大学、耶鲁大学、剑桥大学、牛津大学、早稻田大学、索邦大学等60多个国家和地区的300多所高校和国际组织建立了学术交流关系。中国人民大学已成为世界知名、国内顶尖的以人文社科为主的综合性大学。

浙江大学

Zhejiang University

浙江大学（简称“浙大”），创立于1897年，前身为求是书院，是中国人自己最早创办的新式高等学校之一。1928年，定名国立浙江大学。1998年，同根同源的原浙江大学、杭州大学、浙江农业大学、浙江医科大学四校实现合并，组建成新的浙江大学。学校现有紫金港、玉泉、西溪、华家池、之江、舟山、海宁等7个校区。浙大坐落于中国历史文化名城、风景旅游胜地杭州，是中国最美丽的大学之一。

在120多年的办学历程中，浙大涌现出了大批著名科学家、文化大师以及各行各业的精英翘楚。教师中现有两院院士52人（含双聘）、文科资深教授15人、“长江学者奖励计划”特聘教授101人、国家杰出青年科学基金获得者154人。从这里走出了1位诺贝尔奖得主、5位国家最高科技奖得主、4位“两弹一星”功勋奖章获得者、1位“八一勋章”获得者、1位全军挂像英模、5位国家荣誉称号获得者、6位“最美奋斗者”、210多位两院院士。浙大已成为世界知名、中国顶级的综合性研究型大学。

上海交通大学

Shanghai Jiaotong University

上海交通大学，创建于1896年，前身为南洋公学，1921年定名为交通大学。20世纪50年代中期，交通大学经历西迁与分设，分为交通大学上海部分和西安部分。1959年，交通大学上海部分启用上海交通大学校名。1999年上海农学院并入，2005年上海第二医科大学并入。学校位于上海市，现有徐汇、闵行、黄浦、长宁、七宝、浦东等校区。教师中有两院院士47名，国家杰出青年基金获得者159名，青年拔尖人才27名。中国最早的内燃机、最早的电机、新中国第一艘万吨轮、第一艘核潜艇、第一艘气垫船、第一艘水翼艇、自主设计的第一代战斗机、第一枚运载火箭、第一颗人造卫星、第一例心脏二尖瓣分离术等都凝聚着交大师生和校友的心血智慧。学校曾被誉为“东方麻省理工”。

百年来，学校为国家培养了很多杰出的政治家、科学家、实业家、工程技术专家和医学专家，江泽民、陆定一、丁关根、汪道涵、钱学森、吴文俊、徐光宪、黄旭华、张光斗、黄炎培、邵力子、李叔同、蔡锷、邹韬奋、严隽琪、陈敏章、王振义、陈竺等都是从交大走出。在两院院士中，有200多位交大校友，在国家23位“两弹一星”功臣中，有6位交大校友。上海交通大学已成为中国顶级、世界知名的综合性研究型大学。

南京大学
Nanjing University

南京大学，始创于1902年，前身为三江师范学堂，1950年更名为南京大学，坐落于钟灵毓秀、虎踞龙蟠的金陵古都，是一所历史悠久、声誉卓著的百年名校。现有仙林、鼓楼、浦口、苏州等4个校区。南大拥有一支高素质的师资队伍，教师中有中国科学院院士29人，中国工程院院士4人，中国科学院外籍院士1人，在国际或他国当选院士13人，“长江学者奖励计划”特聘教授104人、“青年长江学者”24人，国家杰出青年科学基金获得者147人。学校科研设施众多，拥有多个国家重点实验室和研究中心。

百余年来，南京大学在各个历史阶段培养和造就了众多中华英才，为国家富强和民族振兴作出了重要贡献。学校在教学、科研和社会服务等各个领域保持良好的发展态势，各项办学指标和综合实力均位居全国高校前列，涌现出一大批优秀的科研成果，蜚声国内外学界。南京大学已成为中国一流的综合性研究型大学。

中国
China

武汉大学

Wuhan University

武汉大学源于1893年创办的自强学堂，1928年定名为国立武汉大学。2000年，武汉大学与武汉水利电力大学、武汉测绘科技大学、湖北医科大学合并组建成新的武汉大学。武汉大学环绕东湖水，坐拥珞珈山，校园环境优美，风景如画，樱花开放时节，缤纷的樱花成为校园一景，学校被誉为“中国最美丽的大学”。

百余年来，武汉大学汇集了中华民族近现代史上众多的精彩华章，形成了优良的革命传统，积淀了厚重的人文底蕴，培育了“自强、弘毅、求是、拓新”的大学精神。武大是国家“双一流”建设高校，拥有多个国家重点实验室和研究中心，为国家培养了50多万各类高级人才，仅两院院士就达100余人。现有中国科学院院士8人，中国工程院院士6人，欧亚科学院院士3人，人文社科资深教授7人，15位国家级教学名师，国家杰出青年科学基金获得者65人。2000年以来，获国家自然科学奖、国家发明奖、国家科技进步奖三大奖88项。

中山大学

Sun Yat-sen University

中山大学由孙中山先生创办，1926年定名为国立中山大学。2001年中山医科大学并入，学校由广州、珠海、深圳3个校区和5个校园及10家附属医院组成。现有两院院士20人（含双聘），国家杰出青年科学基金获得者80人，国家优秀青年科学基金获得者72人。中山大学是国家“双一流”建设高校，学校正由文理医优势向文理医工各具特色、融合发展转变。

中山大学以国际视野开放办学，形成了“综合性、创新性、开放性”的特色。学校以“面向国家重大战略需求、面向国家和区域经济发展、面向学术前沿”为导向，以“德才兼备、领袖气质、家国情怀”为人才培养目标，为国家培育了数万名栋梁之才。中山大学已成为国内一流、国际知名的现代综合性大学。

吉林大学

Jilin University

吉林大学创建于1946年，坐落在吉林省长春市。2000年，原吉林大学、吉林工业大学、白求恩医科大学、长春科技大学、长春邮电学院合并组建新吉林大学。2004年，原中国人民解放军军需大学并入。吉林大学现有6个校区、7个校园，分布在长春市的不同方位。学校现有两院院士11人，资深教授7人，国家级教学名师8人，国家杰出青年科学基金获得者37人，是国家“双一流”重点建设高校。

吉林大学以“学术立校、人才强校、创新兴校、开放活校、文化荣校”为发展战略，与全球300余所高校和科研机构建立了合作关系。学校拥有多个国家重点实验室和研究中心，承担了大量国家级和省部级科研项目，产出了大批产业化前景好、技术含量高的高新技术成果。

华中科技大学

Huazhong University of Science and Technology

华中科技大学位于湖北省武汉市，2000年5月，由原华中理工大学、同济医科大学、武汉城市建设学院合并成立。校园内树木葱茏，碧草如茵，环境幽雅，景色秀丽，被誉为“森林式大学”。教师中现有两院院士18人，国家杰出青年科学基金获得者73人，是国家“双一流”重点建设高校。

学校始终以科技强国为己任，面向国家重大战略需求，创建了一批高水平的研发基地。学校与全球40多个国家的320多所高校和机构开展友好合作，构建起了覆盖基础研究层、高新技术研究层、技术开发层三个层次的科技创新体系。学校秉承“育人为本、创新是魂、责任以行”的办学理念，坚持“一流教学一流本科”的建设目标，采取多种举措，构建和完善充满活力的创新人才培养体系，培养的学生遍布全球各行各业。

中国
China

天津大学

Tianjin University

天津大学，其前身为北洋大学，始建于1895年，是中国第一所现代大学，开中国近代高等教育之先河。1951年，北洋大学与河北工学院合并，定名为天津大学。学校现有卫津路校区、北洋园校区、滨海工业研究院校区。学校现有两院院士14人，国家杰出青年科学基金获得者58人，国家优秀青年科学基金获得者67人。学校坚持“强工、厚理、振文、兴医”的发展理念，形成了工科优势明显、理工结合，经、管、文、法、医、教育、艺术、哲学等多学科协调发展的综合学科布局。

学校科研实力雄厚，始终聚焦国家重大战略需求、聚焦世界科技发展前沿，取得了丰硕的成果。近五年来，共获国家三大奖20项。建校以来，为国家和社会培养了30多万名高层次人才。天津大学已成为一所师资力量雄厚、学科特色鲜明、教育质量和科研水平居于国内一流、在国际上有较大影响的高水平研究型大学。

四川大学

Sichuan University

四川大学（简称“川大”），起始于1896年创办的四川中西学堂，是西南地区最早的近代高等学府。1994年，原四川大学和原成都科技大学合并为四川联合大学，1998年更名为四川大学。2000年，四川大学与华西医科大学合并，组建成新的四川大学。学校位于中国历史名城成都，有望江、华西、江安3个校区。校园环境幽雅，花木繁茂，碧草如茵，景色宜人。

百余年来，川大留下了众多大师和伟人的身影。共和国开国元勋朱德、共和国主席杨尚昆、文坛巨匠郭沫若、人民作家巴金、一代英烈江竹筠（江姐）等都曾在川大求学，两院院士中有64位川大校友。川大与全球200多所国际知名大学构建了多层次的学生联合培养体系。教师中现有两院院士20人（含双聘）、国家杰出青年科学基金获得者58人。学校科研实力雄厚，标志性成果不断涌现。2005年以来，获国家科技三大奖64项。

中国科学技术大学

University of Science and Technology of China

中国科学技术大学1958年创建于北京，是国家为“两弹一星”事业而建立的大学，郭沫若任首任校长。1970年，学校迁至安徽省合肥市。学校现有30个学院（学部），设有苏州高等研究院、上海研究院、北京研究院、先进技术研究院、国际金融研究院等科教融合学院。学校是中国科学院所属的一所以前沿科学和高新技术为主、兼有医学和特色文科的综合性大学。

建校后，中国科学院实施“全院办校、所系结合”的办学方针，汇集了严济慈、华罗庚、钱学森、赵忠尧、郭永怀、赵九章、贝时璋等一批著名科学家。学校秉承“红专并进、理实交融”的校训，敢为人先，锐意进取，为国家培养了大批德才兼备的高层次优秀人才，取得了一系列举世瞩目的科研成果。

中国
China

南开大学

Nankai University

南开大学，成立于1919年，1937年校园遭侵华日军炸毁，学校南迁。1938年与北京大学、清华大学合组西南联合大学，1946年回津复校并改为国立。改革开放以来，天津对外贸易学院、中国旅游管理干部学院相继并入。学校现有八里台、津南、泰达学院三个校区。南开大学是国内学科门类最齐全的大学之一，形成了文理并重、基础宽厚、突出应用与创新的办学特色。

南开大学现有中国科学院院士11人，中国工程院院士4人，“长江学者奖励计划”特聘教授44人，国家杰出青年科学基金获得者57人。学校与全球320多所国际知名大学和学术机构建立了合作交流关系。南开大学始终秉承“允公允能、日新月异”的校训，取得了一批国内外公认的优秀成果。

中国
China

北京师范大学

Beijing Normal University

北京师范大学（简称“北师大”），前身为创立于1902年的京师大学堂师范馆，1923年更名为北京师范大学，是中国历史上第一所师范大学。1931年北平女子师范大学并入，1952年辅仁大学并入。学校由北京、珠海两个校区组成。李大钊、鲁迅、梁启超、钱玄同、吴承仕、黎锦熙、陈垣、范文澜、侯外庐、白寿彝、钟敬文、启功、胡先骕、汪堃仁、周廷儒等众多名师先贤曾在这里弘文励教。百余年来，学校秉承“爱国进步、诚信质朴、求真创新、为人师表”的优良传统和“学为人师，行为世范”的校训精神，形成了“治学修身，兼济天下”的育人理念。

北师大现有两院院士22人（含双聘），资深教授6人，长江学者特聘教授38人，国家杰出青年科学基金获得者53人。学校与全球近500所大学和研究机构签署了合作协议。北师大是国家人文社科科研和科技创新的重要基地，是中国顶尖的综合性师范大学。

西安交通大学

Xi'an Jiaotong University

西安交通大学（简称“西安交大”），1896年始创于上海的南洋公学，1921年定名为交通大学。1956年起，师生分批迁赴西安；1957年，交通大学设为西安、上海两个校区；1959年，交通大学西安校区定名为西安交通大学；2000年，西安医科大学、陕西财经学院并入西安交大。学校现有兴庆、雁塔、曲江和中国西部科技创新港4个校区。教师中现有两院院士43名、国家级教学名师6名、国家杰出青年科学基金获得者42名。学校实行了“书院制”，书院、学院“双院制”培养模式，已发展成具有理工特色、涵盖多学科门类的综合性研究型大学。

百余年来，这里走出了众多大师和伟人，张元济、蔡元培、蔡锷、黄炎培、邹韬奋、陆定一、钱学森、张光斗、吴文俊、江泽民、黄旭华、侯宗濂等均为校友中的杰出代表。迁校以来，西安交大创造了100多项国内外科学研究领域的“第一”，其中包括研制出我国第一台大型通用电子计算机、首个自主知识产权的数字处理芯片，在国际上首次提出了双剪统一强度理论等。西安交大创造了3万多项科研成果，其中241项获得国家三大奖，产生了数以千亿计的经济社会效应。

中国
China

哈尔滨工业大学

Harbin Institute of Technology

哈尔滨工业大学（简称“哈工大”），始建于1920年，哈尔滨建筑大学于2000年并入，组成了新的哈工大。学校拥有哈尔滨、威海、深圳3个校区。学校现有两院院士39人、“长江学者”特聘教授52人、国家杰出青年科学基金获得者53人。学校坚持立足航天、服务国防、面向国民经济主战场的办学定位，参与了探月工程等14个国家重大科技专项，助力了长征五号和长征七号运载火箭首飞、天宫二号空间实验室和神舟十一号飞船载人飞行等重大任务，荣获“中国载人航天工程突出贡献集体奖”和“中国载人航天工程突出贡献者奖”等多个奖项。

哈工大是享誉国际的理工强校、航天名校，学校曾被誉为“工程师的摇篮”。哈工大创立了中国高校第一个航天学院，发射了中国第一颗由高校牵头自主研制的小卫星，在中国首次实现了星地激光链路通信，首次实现了激光全自动束靶耦合引导，研发了第一部新体制雷达、第一台弧焊机器人和点焊机器人，成功发射的“龙江二号”成为全球首个独立完成地月转移、近月制动、环月飞行的微卫星。

中国
China

中南大学

Central South University

中南大学，2000年由原湖南医科大学、长沙铁道学院、中南工业大学三校合并组建而成，共有本部校区、新校区、南校区、湘雅新校区和铁道校区5个校区。学校坐落于湖南省长沙市，跨湘江两岸，依巍巍岳麓，临滔滔湘水，环境幽雅，景色宜人。中南大学是国家“双一流”重点建设高校，现有中国科学院院士1人、中国工程院院士15人、国家杰出青年科学基金获得者27人。

中南大学学科门类齐全，拥有完备的有色金属、医学、轨道交通等学科体系，其材料科学、工程学、临床医学更是全国闻名。学校在国内率先创办创新型高级工程人才实验班，成为教育部卓越工程师、卓越医师、卓越法律人才教育培养计划试点高校。学校与全球40多个国家和地区的200多所高校和科研机构建立了长期合作关系。2000年以来，学校共获国家科技三大奖109项，其中获国家科技一等奖（特等奖）16项。

山东大学

Shandong University

山东大学是中国近代高等教育的起源性大学，其医学学科起源于1864年，开启近代中国高等医学教育之先河。其主体是1901年创办的山东大学堂，是继京师大学堂之后中国创办的第二所国立大学。2000年，山东大学、山东医科大学、山东工业大学合并组成新的山东大学，形成了一校三地（济南、威海、青岛）的办学格局。学校现有两院院士19人（含双聘）、“长江学者奖励计划”特聘教授40人、国家杰出青年科学基金获得者53人、优秀青年科学基金获得者37人，学校教授莫言荣获2012年诺贝尔文学奖。

三校合并以来，新发展的金融数学、晶体材料、凝聚态物理、胶体界面化学、微生物、机械、材料学、心脑血管功能修复、新药制造、中国古典哲学等学科均达到国内一流水平，有些方向和领域已处于世界水平。学校与全球200多所知名高校和研究机构签订了合作交流协议。山东大学是一所历史悠久、学科齐全、实力雄厚、特色鲜明，在国内外具有重要影响的综合性大学。

厦门大学

Xiamen University

厦门大学（简称“厦大”），由著名爱国华侨领袖陈嘉庚先生于1921年创办，是中国近代教育史上第一所华侨创办的大学。厦大位于风光秀丽的厦门市，校园依山傍海，一派南国风情，被公认为中国最美丽的大学校园之一。学校现有思明、漳州、翔安、马来西亚4个校区。厦大秉承“自强不息，止于至善”的校训，形成了鲜明的办学特色，已成为学科门类齐全、师资力量雄厚、国内一流、国际上有广泛影响力的综合性大学。

厦大是国家“双一流”重点建设高校，现有两院院士21人，资深教授1人，“长江学者奖励计划”特聘教授25人，国家杰出青年科学基金获得者52人。学校拥有200多个研究机构，与51所世界排名前200名的高校开展实质性交流合作。从这里走出了60多位两院院士。

同济大学

Tongji University

同济大学，前身是1907年德国医生埃里希·宝隆在上海创办的德文医学堂，1917年由华人接办，1923年定名同济大学，1927年成为国立大学。1937年抗日战争全面爆发后，同济大学经过6次搬迁，先后辗转沪、浙、赣、桂、滇等地，1940年迁至四川宜宾的李庄古镇坚持办学，1946年回迁上海。1996年，上海城市建设学院、上海建筑材料工业学院并入；2000年，上海铁道大学并入；2003年，上海航空工业学校划归同济大学。现有四平路、嘉定、沪西、沪北4个校区。学校由以土建为主的工科大学，发展成以理工为主的、在海内外有较大影响力的综合性、研究型、国际化大学。

同济大学是国家“双一流”重点建设高校。现有两院院士28人（含双聘），“长江计划”特聘教授36人，国家杰出青年科学基金获得者66人。学校拥有世界规模最大的多功能振动实验中心、国内第一个地面交通工具风洞中心、国内第一个城市轨道交通综合试验平台、国内第一个海底长期科学观测系统等一批重大科研平台。同济大学取得了大跨度桥梁关键技术、结构抗震防灾技术、城市交通智能诱导、遥感空间信息、大洋钻探、心房颤动分子遗传学等多项标志性科研成果。百余年来，从这里走出了159位两院院士和数万名行业精英。

东南大学

Southeast University

东南大学坐落于六朝古都南京，学校始创于1902年的三江师范学堂，1988年更名为东南大学。2000年，原东南大学、南京铁道医学院、南京交通高等专科学校、南京地质学校四校合并，组建成新的东南大学。学校现有四牌楼、九龙湖、丁家桥、无锡、苏州5个校区。

东南大学是一所以工科为主要特色的综合性研究型大学，是国家“双一流”重点建设高校。现有两院院士12人、国家杰出青年科学基金获得者31人。学校参与了“探月计划”、三峡工程、500米口径射电望远镜、北京城市副中心、港珠澳大桥、高铁技术、南海造岛、无线充电等国家重大工程。学校与40所世界一流大学和高水平研究机构建立了紧密的合作关系。百余年来，从这里走出了200多位院士和大批各行业的精英翘楚。

北京航空航天大学

Beihang University

北京航空航天大学（简称“北航”），创建于1952年，原名北京航空学院，由当时的清华大学、北洋大学、厦门大学、四川大学等八所院校的航空系合并组建，1988年更名为北京航空航天大学。学校位于首都北京，现有学院路、沙河两个校区。北航把培养拔尖人才与强化爱国担当相结合，着力培养理想高远、学识一流、胸怀寰宇、致真唯实的领军领导人才。北航是国家“双一流”重点建设高校，是中国一流的航空航天大学。

北航现有两院院士26人、“长江学者奖励计划”特聘教授63人、国家杰出青年科学基金获得者59人。建校以来，北航创造了40多项国内第一的科研成果，在尖端技术研究领域一直走在国内高校前列，如中国第一架轻型旅客机“北京一号”、亚洲第一枚探空火箭“北京二号”、中国第一架无人驾驶飞机“北京五号”、“蜜蜂”系列飞机等。同时，北航在航空动力、关键原材料、核心元器件等瓶颈领域的研究取得了很多突破，多项标志性成果直接用于国防建设。北航参与论证并助力研制的国产大飞机C919成功首飞，研制成功我国首个新型临近空间飞艇。

中国
China

东北大学

Northeastern University

东北大学始建于1923年，是一所具有爱国主义光荣传统的大学。1928年至1937年，学校由著名爱国将领张学良将军兼任校长。1931年，九一八事变后，东北大学被迫流亡办学。1950年，学校改名为东北工学院；1993年，复名为东北大学；1997年，原沈阳黄金学院并入。学校坐落在辽宁省沈阳市，在河北省秦皇岛市设有分校。历史上，东北大学师生曾是“一二·九”运动的主力和先锋。

东北大学是国家“双一流”重点建设高校，是以工科为主的多科性大学。现有两院院士5人、海外院士4人、国家人才项目入选者114人。学校先后研发出国内第一台模拟电子计算机、第一台国产CT、第一块超级钢以及钒钛磁铁矿冶炼新技术、钢铁工业节能理论和技术、控轧控冷技术、混合智能优化控制技术等一大批高水平科研成果，兴办了第一个大学科学园，在技术创新、转移和产学研合作方面形成了自己的办学特色。“十三五”以来，学校承担各类科技项目6600多项，获省部级及以上科技奖励210多项，获国家发明专利3390项。

中国
China

西北工业大学

Northwestern Polytechnical University

西北工业大学（简称“西工大”），坐落于陕西省西安市，是国家“双一流”重点建设高校，1952年交通大学、南京大学、浙江大学的航空工程系在南京组建华东航空学院，1956年内迁西安，更名为西安航空学院。1957年西北工学院和西安航空学院合并成立西北工业大学，1970年哈尔滨工程学院航空工程系整体并入西北工业大学。学校是一所以发展航空、航天、航海（三航）等领域人才培养和科学研究为特色的多科性、研究型、开放式大学。现有两院院士（含外聘）33人、长江学者41人、国家杰出青年科学基金获得者23人。

西工大充分发挥“三航”特色优势，聚焦国家战略需求和世界科技前沿，为国防建设和经济建设作出了重大贡献。全国第一架小型无人机、第一台地效飞行器、第一型50公斤级水下无人智能航行器、第一台航空机载计算机等均诞生在西工大。学校重点参与了大飞机、载人航天与探月等10个重大专项的论证及科研攻关，深度参与了两机专项论证、神舟系列飞船研制，是“为中国首次载人航天飞行作出贡献单位”的两所高校之一。学校开我国无人机研制之先河，实现我国第一个整套无人机系统、第一个无人机生产线等出口海外。70年来，从这里走出了48位省部级以上领导、64位将军、48位两院院士，在航空领域，一半以上的重大型号总师、副总师系西工大校友。

华东师范大学

East China Normal University

华东师范大学成立于1951年，学校以大夏大学、光华大学为基础，同时调进圣约翰大学、复旦大学、同济大学、浙江大学等高校的部分系科，在大夏大学原址上创办。1972年，学校与上海师范学院、上海体育学院合并，改名为上海师范大学；1980年，恢复华东师范大学校名。1997年至1998年，上海幼儿师范高等专科学校、上海教育学院、上海第二教育学院等先后并入。华东师范大学位于上海市，主要校区为闵行校区和中山北路校区。学校是国家“双一流”重点建设高校，是中国一流的综合性师范大学。

学校现有两院院士18人、国家及上海市各类人才计划入选者288人。学校设有地球科学学部、教育学部、经济与管理学部、信息学部等4个学部，30个全日制学院。学校注重国际合作交流，先后与里昂高师、纽约大学、弗吉尼亚大学、不列颠哥伦比亚大学、昆士兰大学、东京大学等世界著名大学建立了紧密合作关系。70多年来，学校恪守“求实创造，为人师表”的校训精神，为国家培养了数万名优秀教师和各行业精英。

北京理工大学

Beijing Institute of Technology

北京理工大学（简称“北理工”），1940年创建于延安，是中国共产党创办的第一所理工科大学。1949年，学校迁入北京；1952年，定名为北京工业学院，成为新中国第一所国防工业院校；1988年，更为现名。北理工现有两院院士27人、国家杰出青年科学基金获得者40人。“延安根、军工魂”是镌刻进北京理工大学的红色基因，80年来，这里走出了李鹏等党和国家领导人、120多位省部级以上党政领导和将军、40多位院士，北理工被誉为“红色国防工程师的摇篮”。

北理工是国家“双一流”重点建设高校，是中国一流的理工大学。学校聚焦国家重大战略需求和世界科技发展前沿，创造了新中国科技史上多个“第一”：第一台电视发射接收装置、第一枚二级固体高空探测火箭、第一辆轻型坦克、第一部低空测高雷达、第一台20公里远程照相机等。在北京奥运会、“神舟八号”与“天宫一号”交会对接等过程中，学校研发的多项技术均有优异表现。北理工在精确打击、高效毁伤、机动突防、远程压制、军用信息系统与对抗等国防科技领域代表了国家水平。

华南理工大学

South China University of Technology

华南理工大学，创建于1952年，前身为1918年成立的广东省立第一甲种工业学校。学校位于广州，有五山校区、大学城校区和广州国际校区。为新中国四大工学院之一，是国家“双一流”重点建设高校，华南理工大学已成为一所以工见长，理、工、医结合，管、经、文、法等多学科协调发展的综合性研究型大学。

学校建有27个国家级科研平台、185个省部级科研平台，数量位居全国高校前列。2009年以来，学校累计获中国专利奖数量位列全国高校第一，华南理工大学广州国际校区采用“中方为主、国际协同”的方式，依托学校现有优势学科资源和理工特色，与牛津大学、密歇根大学等20多所世界著名高校强强联合，努力办成高水平、国际化、研究型、新工科特色的世界一流示范校区。建校以来，学校为国家培养了50万多人才，大批校友成为中国科技骨干、著名企业家和领导干部，学校被誉为“工程师和企业家的摇篮”。

博學
慎思
明辨
篤行

大连理工大学

Dalian University of Technology

大连理工大学，始建于1949年，原名大连大学工学院，是中国共产党在新中国成立前夕，面向新中国工业体系建设亲手创办的第一所新型正规大学。1950年7月学院独立为大连工学院，1988年更名为大连理工大学。学校在大连市和盘锦市共设有凌水校区、开发区校区和盘锦校区3个校区，依山傍海、环境优美。学校是国家“双一流”重点建设高校，形成了以理工为主，理、工、经、管、文法、哲、艺术等协调发展的多学科育人体系。

大连理工大学现有两院院士13人、中国科学院外籍院士1人、瑞典皇家工程院院士1人，兼职教师中有两院院士38人、“长江学者奖励计划”特聘教授41人、国家杰出青年基金获得者46人。学校与39个国家和地区的260多所海外知名高校和科研机构建立了长期、稳定的合作关系。学校拥有一批高水平的科研平台。2001年以来，学校获国家科技成果奖58项，省部级科技成果奖696项。

大连理工大学
经济管理学院

中国
China

湖南大学

Hunan University

湖南大学，位于中国历史文化名城长沙，校区坐落在湘江之滨、岳麓山下，享有“千年学府，百年名校”之誉。学校起源于公元976年创建的岳麓书院，1903年改制为湖南高等学堂，1926年定名为湖南大学。1950年8月，毛泽东同志亲笔题写校名。2000年，湖南大学与湖南财经学院合并组建成新的湖南大学。学校现有两院院士12人，国家级特殊人才56人，国家杰出青年科学基金获得者24人，是国家“双一流”重点建设高校。

学校与全球160多所高校和科研机构建立了合作交流关系。“十三五”期间，学校获国家科学技术奖16项，教育部人文社科奖9项。学校秉承“实事求是、敢为人先”的校训，形成了传统文化教育和强化实践教学的办学特色，为国家和社会培养了一大批“基础扎实、思维活跃、适应能力强、综合素质高”的高级专门人才。许多毕业生成长为著名专家学者、杰出企业家和优秀党政管理人才，师生中先后有39人当选为“学部”委员和“两院”院士。

重庆大学

Chongqing University

重庆大学，创办于1929年，位于长江上游经济中心城市重庆。2000年，原重庆大学、重庆建筑大学、重庆建筑高等专科学校三校合并组建成新的重庆大学。学校现有A、B、C、虎溪四个校区，现有院士、海外高层次人才、长江、杰青等国家级人才近200人。学校已发展成为以工科为主、多学科协调发展的综合性大学，是国家“双一流”重点建设高校。

重庆大学在冶金、仪器、矿业、机械、土木、交通运输等学科领域位居全国高校前列，并与全球186所高校和研究机构建立了稳定良好的合作关系。“十三五”以来，学校新增国家和省部级科研平台23个，荣获国家和省部级科技奖励一等奖50余项。重庆大学以造就“行业精英、国家栋梁”为己任，为国家和社会输送了40多万名高素质人才，培养了一大批杰出的科学家、教育家、企业家和工程技术人员，40多人当选为两院院士。

重庆大学
1929

中国农业大学

China Agricultural University

中国农业大学，坐落于北京，始于1905年成立的京师大学堂农科大学。1949年9月，北京大学农学院、清华大学农学院、华北大学农学院合并为北京农业大学。1995年，北京农业大学与北京农业工程大学合并成立中国农业大学。百余年来，中国农业大学已经发展成为一所以农学、生命科学、农业工程和食品科学为特色和优势的研究型大学，形成了特色鲜明、优势互补的农业与生命科学、资源与环境科学、信息与计算机科学、农业工程与自动化科学、经济管理与社会科学等学科群。

中国农业大学是国家“双一流”重点建设高校，现有中国科学院院士5人、中国工程院院士8人、国家杰出青年科学基金获得者45人。学校与50多个国家和地区的240多所大学和研究机构建立了友好合作关系。校内设有国际学院、中荷奶业中心、中以国际农业培训中心等国际教育、科研与培训机构。学校在生物育种、健康养殖、兽医公共卫生安全、农业绿色发展、农业工程、食品制造、全球食品安全等领域的研究居国内外领先水平。

兰州大学

Lanzhou University

兰州大学（简称“兰大”），创建于1909年，始为甘肃法政学堂。1928年，扩建为兰州中山大学。1946年，更名为国立兰州大学。兰大是中国西北地区第一个具有现代意义的高等学校。2002年和2004年，甘肃省草原生态研究所、兰州医学院先后并入兰州大学。学校有城关、榆中2个校区。兰大是国家“双一流”重点建设高校，现有两院院士19人、“长江学者奖励计划”特聘教授23人、国家杰出青年科学基金获得者26人。兰大按照“兴文、厚理、拓工、精农、强医”的学科发展思路，着力构建门类齐全、结构合理、特色鲜明的学科体系。

兰大坚持开放办学，同全球40多个国家和地区的220多所高校及科研机构建立了交流合作关系。改革开放以来，兰大毕业生荣膺两院院士、获得国家杰出青年科学基金者人数均名列全国高校前茅。在百年的办学历程中，学校坚守在西部、奋斗为国家，走出了在经济待发达地区创办世界一流大学的奋进之路，创造了化学“一门八院士”、地学“师生三代勇闯地球三极”、中科院“兰大军团”、隆基“兰大合伙人”等享誉国内外的“兰大现象”。

电子科技大学

University of Electronic Science and Technology of China

电子科技大学，坐落于四川省成都市，原名成都电讯工程学院，1956年由交通大学、南京工学院、华南工学院的电讯工程有关专业合并创建而成。1961年，被中共中央确定为七所国防工业院校之一，1988年，更名为电子科技大学。学校有清水河、沙河、九里堤三个校区，校园四季树木葱茏、湖水碧波荡漾、建筑典雅厚重。电子科大已成为一所完整覆盖整个电子信息类学科，以电子信息科学技术为核心，以工为主，理工渗透，理、工、管、文、医协调发展的多科性研究型大学。

电子科技大学现有中国科学院、中国工程院、欧洲科学院院士等高层次人才300余人，同全球200多所高校及科研机构建立了合作关系。“十一五”以来，学校科技成果获国家级奖励32项、省部级奖励328项。学校秉承“求实求真、大气大为”的校训，致力于培养具有家国情怀、全球素养、扎实基础、堪当民族复兴大任的创新引领性人才。电子科技大学的学子遍布海内外，以素质全面、专业知识扎实、能力强、后劲足等鲜明特点受到了社会各界和用人单位的普遍赞誉。

中国
China

西南大学

Southwest University

西南大学，主校区位于重庆市北碚区，坐落于缙云山麓、嘉陵江畔。泱泱校园，宏丽庄重，气象万千，是闻名遐迩的花园式学校。学校溯源于1906年创立的川东师范学堂。1936年，更名为四川省立教育学院。1950年，四川省立教育学院与国立女子师范学院合并建立西南师范学院。1985年，更名为西南师范大学。2000年，重庆市轻工业职业大学并入西南师范大学。2001年，西南农业大学、四川畜牧兽医学院、中国农业科学院柑桔研究所合并组建为新的西南农业大学。2005年，西南师范大学、西南农业大学合并组建为西南大学。西南大学已成为一所学科门类齐全、综合性强、特色鲜明的综合性大学。

西南大学现有国家级人才109人次，其中中国科学院院士1人、中国工程院院士3人、海外院士5人，人文社会科学资深教授1人。学校与40多个国家和地区的180多所高校和科研机构建立了长期合作关系。百余年来，学校秉承“含弘光大，继往开来”的校训，始终以国家富强和民族振兴为己任，杏坛育人，劝课农桑，积淀了深厚的人文底蕴。一大批名师先贤曾执教于此，数十万毕业生成为民族复兴大业的建设者和行业的精英。

中国
China

河海大学

Hohai University

河海大学，源于1915年创立的河海工程专门学校，1924年与东南大学工科合并成立河海工科大学。1927年并入第四中山大学，后更名为南京大学。1952年，由南京大学、交通大学、同济大学、浙江大学等高校的水利系科以及华东水利专科学校组建华东水利学院。1985年更名为河海大学，邓小平同志亲笔题写了校名。学校在南京市和常州市设有西康路、江宁和常州3个校区，是国家“211工程”重点建设高校。现有院士4人、国家杰出青年科学基金获得者8人。学校以水利为特色，多学科协调发展，是中国第一所培养水利人才的高等学府。

河海大学与全球100多所高校和科研机构建立了协作关系。学校以保障国家水安全为己任，聚焦大江大河治理和水资源综合利用与开发，紧密结合三峡工程、南水北调、西南水电开发、引江济淮等重大工程建设管理，承担了一大批国家层面重点、重大研究计划和重点、重大工程科研项目，实现了一系列引领性、原创性和标志性成果产出。2010年以来，学校获国家级科技成果奖30项，省部级科技成果奖700余项，被誉为“水利高层次创新创业人才培养的摇篮和水利科技创新的重要基地”。

西安电子科技大学

Xidian University

西安电子科技大学，前身是1931年诞生于江西瑞金的中央军委无线电学校，是毛泽东等老一辈革命家亲手创建的第一所工程技术学校。1958年学校迁址西安，1988年定为现名。现有南北两个校区。20世纪60年代，学校就以“西军电”之称蜚声海内外。位列国家“211工程”“985工程优势学科创新平台”、世界一流学科建设高校。现有院士3人，“万人计划”入选者28人，长江学者36人。它是以信息与电子学科为主，工、理、管、文多学科协调发展的全国重点大学。

西安电子科技大学，创造了中国电子与信息技术等领域多项第一，包括第一台气象雷达、第一套流星余迹通讯系统、第一台可编程雷达信号处理机、第一台毫米波通讯机，以及我军通信装备史上第一部“塞绳电报互换机”、第一台“塔型管空腔振荡器”、第一套“三坐标相控阵雷达”等，为我国信息化、国防现代化作出了重要的贡献。90年来，从这里走出了120多位解放军将领、24位两院院士、10余位国家副部级以上领导，培养了联想创始人柳传志、国际GSM奖获得者李默芳、著名的纳米技术专家王中林、“天宫一号”目标飞行器总设计师杨宏等一大批IT行业领军人物和技术骨干。

中国
China

中国海洋大学

Ocean University of China

中国海洋大学，创建于1924年，历经私立青岛大学、国立青岛大学、国立山东大学、山东大学等办学时期，1959年发展成为山东海洋学院，1960年被国家确定为全国13所重点综合性大学之一，1988年更名为青岛海洋大学，2002年更名为中国海洋大学。学校现有崂山、鱼山、浮山3个校区，是国家“双一流”重点建设高校。学校现有中国科学院院士7人、中国工程院院士9人，是一所海洋和水产学科特色显著、学科门类齐全的综合性大学。

学校拥有教学和科学考察船舶3艘，形成了自近岸、近海至深远海并辐射到极地的海上综合流动实验室系统，具备了一流的海上现场观测能力。学校以造就国家海洋事业的领军人才和骨干力量为特殊使命，培养复合型、高素质人才。毕业生中有14人当选两院院士，3人先后担任国家海洋局局长，参加中国第一次南极考察的75位科学家中一半以上毕业于中国海洋大学。

中国
China

暨南大学

Jinan University

暨南大学，前身是1906年清政府创立于南京的暨南学堂，后迁至上海，1927年更名为国立暨南大学。抗日战争期间，学校迁址福建建阳；1946年，迁回上海；1949年8月，合并于复旦大学、交通大学等高校。暨南大学于1958年在广州重建，是中国第一所由政府创办的华侨学府。学校在广州、深圳、珠海三地设有5个校区，校本部在广州市石牌。暨南大学位列国家“211工程”、“985工程优势学科创新平台”、世界一流学科建设高校。现有两院院士7人（含双聘），长江学者16人，杰青、优青获得者41人。学校学科齐全，文理工医兼备，被誉为“华侨最高学府”。

学校已成为海外华裔及港澳台地区学生报考深造首选的热门高校，是国内规模最大的港澳台侨高素质人才培养基地。学校恪守“忠信笃敬”之校训，注重以中华民族优秀的传统道德文化培养造就人才。学校学风浓郁，人才辈出，校友遍布世界各地，尤以香港、澳门等地较为集中。

中国
China

中央民族大学

Minzu University of China

中央民族大学，坐落于北京海淀区，南邻国家图书馆，北依中关村科技园，校园环境典雅，古朴幽美，人文氛围浓郁，具有鲜明的民族特色。学校前身是创立于1941年的延安民族学院，1951年中央民族学院在北京成立，1993年更名为中央民族大学。党和国家领导始终非常关心和重视中央民族大学的建设和发展，毛泽东、邓小平等老一辈党和国家领导人先后17次接见学校师生代表。2009年习近平同志在视察学校工作时指出："中央民族大学在我国高等教育体系和民族团结进步事业中具有重要地位，为国家的民族团结进步事业，为民族地区经济社会文化建设作出了重要贡献。"

中央民族大学是国家“211工程”“985工程”“双一流”重点建设高校。学校每年都聘有130多名外籍专家任教，现有“长江学者奖励计划”特聘教授4人、高层次人才63人。学校与全球200多所大学和科研机构建立了交流合作关系，耶鲁大学、剑桥大学、牛津大学等30多所世界一流大学每年都有一批著名学者来校访问讲学。建校以来，从这里走出了近100名少数民族省部级领导干部、近1000名地厅级领导干部、10000多名县处级领导干部。中央民族大学已成为培养少数民族杰出人才和民族团结表率的摇篮。

苏州大学

Soochow University

苏州大学（简称“苏大”），坐落于被誉为“人间天堂”的历史文化名城苏州。学校前身是创办于1900年的东吴大学，1952年由东吴大学文理学院、苏南文化教育学院、江南大学数理系合并组建苏南师范学院，同年更名为江苏师范学院，1982年更名苏州大学。1995年至2000年，苏州蚕桑专科学校、苏州丝绸工学院、苏州医学院等相继并入苏州大学。学校现有天赐庄、独墅湖、阳澄湖、未来四大校区。苏大与全球200多所高校和研究机构建立了合作交流关系。教师中有1位诺贝尔奖获得者、8位两院院士、7位发达国家院士、41位国家杰出青年基金获得者、38位国家优秀青年基金获得者。苏大是“世界一流学科建设高校”，国家“211工程”重点建设高校。

百余年来，苏大人始终秉承“养天地正气，法古今完人”之校训，致力于培育兼具“自由之精神、卓越之能力、独立之人格、社会之责任”的模范公民。从这里走出了许德珩、周谷城、费孝通、雷洁琼、孙起孟、赵朴初、钱伟长、董寅初、李政道、倪征日奥、郑辟疆、杨铁樑、查良镛（金庸）等一大批精英栋梁和社会名流，走出了谈家桢、陈子元、郁铭芳、宋大祥、詹启敏、芮筱亭等30多位两院院士。

深圳大学

Shenzhen University

深圳大学（简称“深大”），创建于1983年，北京大学援建中文、外语类学科，清华大学援建电子、建筑类学科，中国人民大学援建经济、法律类学科，一大批知名学者云集深圳大学。学校现有粤海、沧海、丽湖、罗湖四个校区。深大紧随特区，锐意改革、快速发展，形成了“特区大学、窗口大学、实验大学”的办学特色。深大已成为一所学科齐全、设施完善、师资优良、管理规范的综合性大学。

深大现有两院院士24人（含短聘），美国医学与生物工程院院士2人，英国皇家工程院院士1人，加拿大工程院院士2人，日本工程院院士3人，俄罗斯工程院院士1人，俄罗斯自然科学院院士1人，欧亚科学院院士3人，诺贝尔奖获得者1人（短聘），长江学者9人，国家杰出青年科学基金获得者19人，国家优秀青年科学基金获得者21人。学校积极推进“国际化人才培养、国际化科研合作、国际化师资建设、国际文化交流”，与境外300多所高校开展学生交换、教师研修、合作办学等多种形式的国际合作与交流。深大是中国高校的后起之秀，正以其独特的魅力吸引着众多的学子。

中国
China

外交学院

China Foreign Affairs University

外交学院，1955年经党中央和毛主席批准成立，周恩来总理亲笔题写校名，外交部长陈毅元帅担任外交学院首任院长。学院坐落于北京，现有展览馆、沙河两个校区。学校教室宽敞明亮，设施完备现代，校园环境赏心悦目。学校是国家首批“世界一流学科建设高校”，是培养一流外交外事人才的小规模、高层次、特色鲜明的外交部唯一直属高校，学院被誉为“中国外交官的摇篮”。

外交学院所在城市（北京）风光

外交学院致力于培养“爱祖国、知世界、通专业、精外语、高素质、复合型”的优秀外交外事人才，同全球90多所大学或机构建立了合作交流关系，每年都将选派部分优秀本科生和研究生到国外高校交流学习。60多年来，学校为国家培养了两万多名优秀毕业生。这里走出了500多位中国驻外大使、几千个参赞以上高级外交官，世界上凡是有五星红旗升起的地方，就有外交学院的毕业生。

北京外国语大学

Beijing Foreign Studies University

北京外国语大学（简称“北外”），位于北京海淀区，在三环路两侧分设东、西两个校区。学校前身是1941年成立于延安的中国抗日军政大学三分校俄文大队，后发展为延安外国语学校，1954年更名为北京外国语学院，1959年北京俄语学院并入，1994年更名为北京外国语大学。学校坚持服务国家战略，目前已开齐与中国建交国家的官方用语。北外获批开设101种外国语言，学校已形成了以外国语言文学学科为主体，文、法、经、管等多学科协调发展的格局。教师中拥有众多的专家学者，有来自60多个国家和地区的外籍教师近200人，教师中超过90%拥有海外学习经历，是国家“211工程”“985平台”“双一流”建设高校。

北外紧密结合国家战略发展需要，致力于培养国家亟须，富有社会责任感、创新精神和实践能力，具有中国情怀、国际视野、思辨能力和跨文化能力的复合型、复语型、高层次国际化人才，已成为国家培养外交、翻译、教育、经贸、新闻、法律、金融等涉外高素质人才的重要基地。北外的校友遍布世界各国，这里走出了400多位驻外大使、2000多位参赞，北外被誉为“共和国外交官摇篮”。

对外经济贸易大学

University of International Business and Economics

对外经济贸易大学，前身为创建于1951年的高级商业干部学校，1953年更名为北京对外贸易专科学校。1954年，中国人民大学贸易系对外贸易专业并入北京对外贸易专科学校，组建成北京对外贸易学院。1984年，更名为对外经济贸易大学。2000年，原中国金融学院并入。学校坐落在北京朝阳区，校园规划精致，环境幽雅。

对外经济贸易大学是国家首批“211工程”和首批“双一流”建设高校，是国家经济建设人才培养和科研的重要基地。学校已经发展成为一所拥有经、管、法、文、理、工六大门类，以国际经济与贸易、法学（国际经济法）、金融学、工商管理、外语（商务外语）等优势专业为学科特色的多科性财经外语类大学。学校与全球280多所知名大学和研究机构建立了合作交流关系。这是一处群英荟萃之地，老教授中名家耀眼，中青年教师里新秀辈出。毕业生遍布全国各地的外贸、金融、会计、教育科研等行业领域以及国家机关、中国驻外商务机构，为我国经济与社会发展，尤其是经贸事业的发展发挥着重要的作用。

上海财经大学

Shanghai University of Finance and Economics

上海财经大学，源于1917年南京高等师范学校创办的商科，1921年商科扩充改组并迁址上海。1932年独立建校，定名为国立上海商学院。1950年更名为上海财政经济学院，1985年更名为上海财经大学。学校现有国定路、中山北一路、昆山路三个校区。学校已成为一所以经济管理学科为主，经、管、法、文、理协调发展的多科性重点大学。

上海财经大学位列国家“211工程”、“985工程优势学科创新平台”、世界一流学科建设高校，是中国最早的商科大学。百余年来，上财人铭记“厚德博学、经济匡时”之校训，坚持“扎根中国、放眼世界、立德树人、追求卓越”的理念，培养具有全球视野和民族精神，富有创造力、决断力及组织力的卓越财经人才，从这里走出了数万名财经管理和相关专业的优秀人才。

西南财经大学

Southwestern University of Finance and Economics

西南财经大学，坐落于中国历史名城成都，有光华、柳林两个校区，校园湖光柳影，芳草绿树，翩翩学者，蔚为大观，是著名的“园林式院校”。学校始于1925年在上海创建的光华大学，1938年因抗战内迁建立光华大学成都部分。1952年至1953年，先后汇聚西南地区17所院校的财经系科组建成四川财经学院，1985年更名为西南财经大学。学校是国家“211工程”“985平台”“双一流”建设高校。

近百年的办学历程中，西南财经大学人文荟萃，名师云集。胡适、钱钟伟、徐志摩、叶圣陶等大师在此传道讲学，谢霖、陈豹隐、汤象龙、许廷星、刘诗白等著名经济学家于此授业解惑。学校现有国家级高层次人才113人、博士生导师320余人、全职海归博士300余人，形成了海内外人才的“群聚效应”。学校与全球近200所知名大学和科研机构及知名企业建立了广泛的合作交流关系，校友中涌现出一大批金融行业领军人物，被誉为“中国金融人才库”。

中国
China

中国人民解放军国防科技大学

National University of Defense Technology

中国人民解放军国防科技大学（简称“国防科技大学”），前身是1953年创建于哈尔滨的中国人民解放军军事工程学院，即著名的“哈军工”。学院创建时，毛泽东主席亲自为学院颁发《训词》，为院刊题写刊名“工学”，陈赓大将任首任院长兼政治委员。1970年，学院主体南迁长沙，改名为长沙工学院；1978年，改建为国防科学技术大学；1999年，长沙炮兵学院、长沙工程兵学院、长沙政治学院并入。2017年，以国防科技大学、国际关系学院、国防信息学院、西安通信学院、电子工程学院以及理工大学气象海洋学院为基础，重建国防科技大学，军委装备发展部第63研究所划归国防科技大学，校本部设在长沙。学校形成了“以工为主、理工军文结合、加强基础、落实到工”的综合性学科专业体系，是国家首批“211工程”院校，是军队唯一进入国家“985工程”院校，是军队唯一纳入国家“双一流”建设的院校，是直属中央军委领导的军队综合性大学。

国防科技大学现有两院院士16人、长江学者12人、国家杰出青年科学基金获得者9人。学校实施新学员入学入伍军政基础强化训练，每年组织“强军杯”等军事比武竞赛，激励血性虎气、锤炼钢铁意志。提供格斗、搏击、射击、定向越野、武术、潜水等多项课外辅导训练，帮助学员挑战极限、超越自我。70年来，从这里走出了60位两院院士和650多位省、军级以上领导，培养出中国载人航天总设计师周建平、“歼—10之父”宋文骢等科技帅才，取得了“天河”系列超级计算机系统、“北斗”卫星导航定位系统关键技术、“天拓”系列微纳卫星、激光陀螺、超精加工、磁浮列车等一大批自主创新成果，创造了彪炳史册的“中国速度”“中国高度”“中国精度”，为国家“两弹一星”和载人航天等重大工程作出了巨大贡献。学校研制的天河二号超级计算机系统连续六次摘得世界超算桂冠。

中国
China

中国人民解放军空军航空大学

Aviation University Air Force

中国人民解放军空军航空大学主校区所在城市（长春市）风光

中国人民解放军空军航空大学，始创于1946年，前身为东北民主联军航空学校，是我军创办的第一所航空学校。2004年，由原空军长春飞行学院、第七飞行学院、第二航空学院合并组建成立空军航空大学；2012年，蚌埠空军第十三飞行学院并入。主校区坐落于吉林长春，是“十一五”期间军队“2110工程”重点建设院校，是中国唯一一所以培养飞行人才为主体、航空飞行指挥与航空工程技术专业兼容的综合性军事高等学府。

学校在半个多世纪的风雨洗礼中，创造出中国空军史上“最先培训新中国第一批女航空员”“最先承训双学士飞行员”“最先培养空军侦察情报人才”等近20个空军之最。为国家和军队建设输送了12万多名各类军事人才，有200多名毕业学员成长为共和国将军，涌现出了战斗英雄王海、张积慧、刘玉堤，“海空卫士”王伟，复合型飞行舰长柏耀平和中国工程院院士李明等一大批英雄模范人物。学校被誉为“飞行员的摇篮”“英雄的摇篮”“将军的摇篮”。

中国
China

中国人民解放军海军大连舰艇学院

Dalian Naval Academy

中国人民解放军海军大连舰艇学院所在城市（大连市）风光

海军大连舰艇学院，坐落在风光秀丽的大连市老虎滩畔，1949年11月由毛泽东主席亲自批准成立，时称“海军学校”。1952年更名为“第一海军学校”，1957年更名为“海军指挥学校”，1986年更名为“海军大连舰艇学院”。1999年，原海军政治学院并入。学校拥有专业齐全、贴近实战的模拟训练体系，形成了涵盖军、工、理、法等多个学科门类，本科、硕士、博士和继续教育等多层次学科专业体系，是全军重点高等军事学府。

学院拥有全军院校唯一的训练舰支队，辖有舰艇、舢板、帆船等各类舰船数十艘，郑和舰、邓世昌舰、戚继光舰等远洋训练舰常年保障学员远航训练和实习出访，先后出访美国、俄罗斯、澳大利亚、新西兰、日本等几十个国家。学院主要面向海军水面舰艇部队培养军政指挥军官，同时培养海洋水文与测绘类技术军官。70多年来，从这里走出了200多位将军、数千名舰艇长、数万名海军各级军政指挥员，我国水面舰艇的多数舰艇长都是从这里走出。大连舰艇学院被誉为“海军军官摇篮”和“中国海军黄埔”。

中国人民公安大学

People's Public Security University of China

中国人民公安大学，位于北京市，现有木樨地、团河两个校区。学校创始于1948年，前身为华北保卫干部训练班。后历经华北公安干部学校、中央公安干部学校、中央人民公安学院、中央政法干部学校和恢复中央人民公安学院等发展阶段。1984年，更名为中国人民公安大学。1998年，中国人民警官大学并入。2000年，北京交通人民警察学校并入。目前，学校是全国公安系统唯一开展博士研究生教育的学府，是学科专业最齐全、办学规模最大、教育层次最完备、唯一入选国家“世界一流学科建设高校”的公安院校。

中国人民公安大学同全球60多个国家和地区警察教育培训机构建立了密切的合作交流机制。学校教学、科研、训练等设施非常完备，建有警务战术训练馆、警务战术训练街区、警体综合训练馆、高级警官培训楼等多座现代化大型教育训练场馆，配备了实弹射击、情景模拟、泅渡救援、特勤驾驶、痕迹检验、微量物证分析、警务战术指挥、刑事侦查、心理测试、安全防范技术、交通管理与控制等多项国内一流的警务实训设施。建校以来，为全国政法公安机关等单位输送了30多万名领导、业务骨干和专门人才，被誉为“共和国警官的摇篮”。

中国传媒大学

Communication University of China

中国传媒大学，坐落于北京古运河畔，校园环境非常优美。学校始建于1954年，2004年8月由北京广播学院更名为中国传媒大学。学校现有新闻学院、电视学院、戏剧影视学院、播音主持艺术学院、动画与数字艺术学院、音乐与录音艺术学院、信息与通信工程学院等20个学院。学校拥有一批享誉国内外的专家教授和学者，110多位教师入选国家和北京市各类重要人才项目。学校是信息传播研究领域的学术重镇，拥有智能教室、4K演播室、实验室、融媒体中心等卓越传媒人才培养所需的实训平台，装备精良，功能完善。

60多年来，学校以培养“弘道崇德、经世致用”的传媒人为己任，培养了大量党和国家所需、能应对未来媒体挑战、驰骋于国际舞台的优秀传媒人才，被誉为“中国广播电视及传媒人才摇篮”。学校是国家“一流学科建设高校”和“211工程”“985平台”重点建设高校，是中国一流的传媒大学，是国际知名大学，是喜爱传媒的学子们的理想大学。

中国
China

中央戏剧学院

The Central Academy of Drama

中央戏剧学院，1949年正式开办，毛泽东主席亲笔题写校名，其历史可以溯源至1938年成立的延安鲁迅艺术学院，是新中国第一所戏剧教育高等学校。中央戏剧学院位于北京，现有东城、昌平两个校区。学院设有表演系、导演系、舞台美术系、戏剧文学系、音乐剧系、京剧系、歌剧系、舞剧系、偶剧系、戏剧教育系、戏剧管理系等诸多专业院系。学校拥有中国唯一的表演专业领域国家级教学团队、唯一的导演专业领域国家级特色专业建设点、唯一的音乐剧表演教学国家级人才培养模式创新实验区、唯一的戏剧影视类国家级实验教学示范中心。

80多年来，学院坚持现实主义美学原则，秉承“求真、创造、至美”的校训，致力于为国家培养戏剧影视艺术精英人才。从这里走出了大批闻名中外的艺术家、学者、教授和作家。中央戏剧学院是中国戏剧影视人才培养的重要基地，是国家“世界一流学科建设高校”，是中国戏剧影视艺术教育的最高学府。

北京电影学院

Beijing Film Academy

北京电影学院所在城市（北京）风光

北京电影学院，前身是1950年创建的表演艺术研究所，1953年更名为北京电影学校，1956年更名为北京电影学院。学校设有导演系、摄影系、电影学系、影视技术系、表演学院、声音学院、美术学院、动画学院、数字媒体学院、视听传媒学院等15个院系，涵盖了电影创作的每一行当，是中国唯一能独立进行故事片长片、动画片长片创作的院校。学校附属机构青年电影制片厂是师生电影创作、艺术创新实践的场所，出品了大量优秀作品。北京电影学院是当今世界规模最大、专业设置最全面的电影专业院校，连续多年位列全球影视院校排行榜第三名，被誉为“中国电影人才的摇篮”。

70年来，学院为中国电影事业培养了数万名优秀人才。校友中有众多老一代艺术家，也有许多中青年电影人代表，还有一大批电影新锐。校友在每个时代都推出了一大批思想精深、艺术精湛、制作精良的精品力作。历届“华表奖”“金鸡奖”“五个一工程奖”等获奖作品中，学校毕业生占获奖者的比例高达80%以上。在戛纳、威尼斯、柏林国际电影节等重大A类国际电影节上获奖的中国影片，其主创人员大多是北京电影学院校友。

中央音乐学院

Central Conservatory of Music

中央音乐学院，成立于1949年，位于北京市西城区，学校由延安鲁迅艺术学院音乐系、重庆国立音乐院、华北大学三部音乐系、国立北平艺术专科学校音乐系等合并组建而成。学院设有作曲系、音乐学系、指挥系、钢琴系、管弦系、民乐系、声乐歌剧系、音乐人工智能与音乐信息科技系、音乐教育学院、提琴制作研究中心、人文学部、附属中等音乐学校、现代远程音乐教育学院、继续教育学院、鼓浪屿钢琴学校等教学院系和研究机构。学校是全国音乐教育、创作、表演和研究中心，是国家“世界一流学科建设高校”，是国家“211工程”建设高校，是全国艺术院校中唯一的国家重点大学。

70多年来，学校已建立起一支实力雄厚的师资和教学管理队伍，在教学、创作、表演和科研中涌现了一批贡献突出的专家和学者，培养了数万名优秀音乐人才及众多外国留学生。从这里走出了一大批在国内外享有盛誉的作曲家、音乐学家、音乐教育家、音乐表演艺术家、文化艺术机构的领导人和业务骨干。中央音乐学院是一所培养高级专门音乐人才的高等学府，是代表中国专业音乐教育最高水平的音乐学府。

北京体育大学

Beijing Sport University

北京体育大学，成立于1953年，原名中央体育学院，1956年更名为北京体育学院，1993年正式定名为北京体育大学。北京体育大学隶属于国家体育总局，是全国重点院校、国家首批“双一流”建设高校，也是中国一流、国际知名的体育大学。学校位于北京市海淀区信息路，设有体育与健康学部、人文社科学部、奥林匹克运动学部、体育工程学部等4个学部，每个学部下设多个学院。学校以本科教育为基础，研究生教育为重点。中共国家体育总局党校、国家体育总局干部培训中心、国家体育总局教练员学院均设在校内。

学校坚持教育、训练、科研“三结合”的办学模式和办学特色，坚持高端化、贯通化、国际化和协同化的“四化”人才培养方法。学校与全球140多所高校建立了合作关系，为106个国家培养了15000余名留学生。成立以来，学校为体育强国、教育强国和健康中国培养输送高素质新型体育人才近10万人，从这里走出了一大批享誉国内外的优秀体育专家、学者、教师、教练员、运动员和管理干部，为中国体育事业、高等教育事业和奥林匹克运动作出了突出贡献。

中国
China

中央美术学院

Central Academy of Fine Art

中央美术学院，前身是1918年创立的国立北京美术学校。1949年，国立北平艺术专科学校和华北大学三部美术系合并，成立国立美术学院，毛泽东主席题写院名，徐悲鸿担任院长。1950年，学校正式定名为中央美术学院。学院现有望京、燕郊、后沙峪和小营4个校区，设有中国画学院、油画系、版画系、雕塑系、壁画系、造型学科基础部、实验艺术学院、人文学院、设计学院、建筑学院、城市设计学院、艺术管理与教育学院等14个专业院系，并设有研究生院、继续教育学院和附属中等美术学校。学院图书馆是目前国内最先进的美术专业图书馆之一。学校美术馆有珍贵藏品，其中明清以来的卷轴画多达2000多件。中央美院是国家首批“世界一流学科建设高校”，是教育部直属的唯一的高等美术院校。

百余年来，中央美术学院汇集了中国美术界大批高端艺术人才，形成了蔚为壮观的美术教育精英队伍。学院致力于建设造型、设计、建筑、人文等学科群相互支撑、相互影响的现代形态美术教育学科结构，成为了中国高等美术教育领域具有代表性、引领性和示范性的美术院校。从这里走出了大批享有盛誉的艺术家和美术理论家。

中国
China

香港大学

The University of Hong Kong

香港大学（简称“港大”），创建于1911年，前身为创立于1887年的香港华人西医书院，孙中山先生是西医书院早期最著名的校友。香港大学是香港历史最悠久的高等教育机构，是亚洲最具名望的大学之一，是中国一流、世界知名的高等学府。港大自创校以来一直采用英语教学，其学术研究多可与欧美无缝对接、良性互动。医学、商科、信息科学都是香港大学传统且极具竞争力的学科领域，其土建、法政、教育等学科亦处于世界一流行列。

香港大学是一所国际化公立研究型大学，学校与世界100多所院校开展学生交换计划，与全球300多所院校及科研机构进行教研合作。港大在多项世界大学排名中均位列世界前50名，有10位教师先后获选中国两院院士。百余年来，学校秉持“明德格物”之校训，教学和科研都享有很高的国际声誉。港大毕业生遍布海内外，很多校友成为财经工商、文教社政、医学科研等领域的精英翘楚。

香港科技大学

The Hong Kong University of Science and Technology

香港科技大学，1991年正式成立，位于中国香港特别行政区九龙清水湾。学校对面是被誉为“香港后花园”的西贡，隔壁就是南海，整个校园顺着山势垂直展开，水天相连，一望无垠，校园所在地理位置非常独特和美丽。学校拥有来自世界各地知名学府的教授，师资力量雄厚，很多教授都是相关领域的专业权威。学校以科技和商业管理为主、人文及社会科学并重，尤以商科和工科见长，获AACSB和EQUIS双重认证。香港科技大学成立30年来，已发展成为一所中国一流、国际知名的公立研究型大学，被公认为当今世界顶尖的年轻大学之一。

香港科技大学一直致力于一流教育和研究，在国际上获得无数的赞美和荣誉。5位教授当选为中国科学院院士，学校获得国家多个科研奖项，创造了全球最细单壁纳米碳管、全球最高像素的照片、全球首创的智能杀菌涂层、全球排名第一的EMBA课程等国际领先的教研成果。该校在多项世界大学排名中位列世界50强。

香港中文大学

The Chinese University of Hong Kong

香港中文大学，1963年由新亚书院、崇基学院、联合书院合并而成，2014年香港中文大学（深圳）成立。学校位于中国香港特别行政区新界沙田，它俯瞰吐露港，是全港最宽广、最绿意盎然的校园。学校以“结合传统与现代，融会中国与西方”为使命，以书院制和中英双语并重为特色，在中国研究、生物医学科学、信息科学、经济与金融、地球信息与地球科学等重点研究领域堪称世界级学术重镇。香港中文大学已成为一所享誉国际的公立研究型综合大学。

60年来，香港中文大学先后聚集了钱穆、杨汝梅、林语堂、李卓皓、高锟、饶宗颐、刘殿爵、莫里斯、杨振宁、蒙代尔、姚期智、白先勇等一大批学术巨匠，培养了以史学家余英时、数学家丘成桐、银行家郑海泉等为代表的众多杰出人才。香港中文大学的创立，掀起了香港地区的中文运动，终结了英文垄断官方语言地位的局面，既是英国殖民史的分水岭，也是20世纪亚洲地区非殖民化的表征之一，具有相当的时代意义。

香港城市大学

City University of Hong Kong

香港城市大学，1984年创建于香港九龙旺角，起始名称为香港城市理工学院。1995年，更名为香港城市大学并迁往现校址九龙塘，位于香港的中心地带。1997年，在原威灵顿中学旧址设立九龙湾分校。2001年，设立香港城市大学深圳研究院。2013年，设立香港城市大学成都研究院。土木工程、会计与金融、通信、数学、计算机科学、工程技术等都为香港城市大学的优势学科。它是中国香港特别行政区政府资助的公立教育机构，是一所充满朝气的世界百强名校。

香港城市大学被列为教育部国家重点高校名单，学校获AACSB和EQUIS双重认证，在软科世界大学学术排名中，很多学科位于全球大学的前列。在香港，城大尤以工学研究实力出名，其工程技术与电脑科学领域位列全球50强，在香港高校中处于领先地位，在“建校未满50年全球最佳学府”榜单中位列第5位。

RUN RUN SHAW CREATIVE MEDIA CENTRE

香港理工大学

The Hong Kong Polytechnic University

香港理工大学，位于中国香港特别行政区九龙红磡，前身为成立于1937年的香港高级工业学院。1994年，学校更名为香港理工大学，是香港历史最悠久的大学之一。学校是香港第一所由政府资助、提供工科教育的院校，其工商管理学院同时具有AACSB、EQUIS和AMBA三重认证。酒店与康乐管理、艺术与设计、土木与结构工程、建筑/建筑环境、护理学、语言学等六个学科排名世界前五十。香港理工大学已成为一所亚洲领先、国际知名的公立研究型大学，是世界百强名校。

香港理工大学科研以应用为本，被公认为最具实用性的大学。学校与微软、波音、阿里巴巴、华为、国家电网等公司联合成立科研中心；与剑桥大学、清华大学、北京大学、浙江大学、中国科学院、中国人民大学、西安交通大学等院校进行学术及教学合作；为欧洲航天局、俄罗斯联邦航天局、中国的探月工程及火星探测计划研发太空仪器；培养了李强、梁振英、许勤、刘爱力、王建宙、王晓初、商冰、王家卫、梁家辉等杰出人才。

中国
China

澳门大学

University of Macau

澳门大学，前身为1981年成立的东亚大学，1991年由私立转为公立并更名为澳门大学。2014年8月学校正式迁入位于广东省珠海市香洲区横琴岛的新校区。学校设有人文学院、工商管理学院、教育学院、健康科学学院、法学院、社会科学学院、科技学院、荣誉学院，以及研究生院和持续进修中心。学校建立了亚洲最具规模的住宿式书院系统，以书院系统作为“四位一体”整合的平台，实践全人教育，在澳门的大学中独一无二，是澳门第一所获得AACSB及AMBA认证的大学。

澳门大学在推动校园国际化方面获得世界认可，教师全球招聘，八成来自世界各地。国际多元的办学特色吸引世界各地的国际生，令校园洋溢多元文化色彩。目前学校与超过33个国家和地区的260所高等院校签订合作协议，学生可以选择到全球168所高等学校交流和学习，体验不同文化的生活。学校致力培养具有创新思维、家国情怀、国际视野、全球竞争力和世界担当的人才。经过40年的发展，学校已成为澳门本地最优秀的国际化综合性公立大学。

台湾大学

National Taiwan University

台湾大学，始建于1928年，坐落于中国台湾省台北市，其前身是日本殖民统治时期所建立的“台北帝国大学”。1945年，日本投降，台湾光复后改名为台湾大学。台湾大学面积辽阔，校地分布台北、宜兰、新竹、云林，以及台湾中部高山地区，校地面积约3.4万公顷，占台湾省总面积的百分之一。目前学校有11个学院、3个专业学院、56个学系、112个研究所、30余个各学术领域的世界级研究中心，是中国台湾地区规模最大的公立综合性研究型大学，素有“台湾第一学府”之称。

台湾清华大学

National Tsing Hua University

台湾清华大学，前身为1911年在北京设立的清华学堂，1925年设大学部。抗日战争期间，学校西迁至云南昆明，与北京大学、南开大学合组成西南联合大学。1949年，北京的清华大学由中华人民共和国政府接管，1955年，台湾清华大学在台湾省新竹市复校，清华大学被分成两个。2016年，台湾新竹教育大学并入台湾清华大学。台湾清华和北京清华两校原本一脉相承，在台湾清华大学新竹校区内，有北京清华大学二校门的等比例缩小复制品。“自强不息，厚德载物”，仍为台湾清华大学和北京清华大学共同之校训。

台湾清华大学复校之初首设原子科学研究院，1964年恢复大学部。目前台湾清华大学设有人文社会、理工、原子科学、生命科学、电机资讯、科技管理等10个教学院部。台湾清华大学是中国台湾地区一流的公立研究型大学。

台湾成功大学

National Cheng Kung University

台湾成功大学，是中国台湾地区著名的综合性研究型大学，是台湾四所老牌公立大学之一，学校在亚洲高校综合排名上仅次于台湾大学，位列全台第二。学校文理工医各学科全面发展，以超群的工学实力闻名海外，拥有世界前二十位的工学院，工学实力全台第一。这里走出了诺贝尔物理奖得主丁肇中等杰出校友和众多行业精英。在台湾地区，享有“北台大、南成大”之美誉。

台湾成功大学，前身为1931年日本殖民统治时期创立的台湾总督府台南高等工业学校，校本部位于中国台湾省台南市，由相互紧邻的8大校区组成，另有安南校区、归仁校区及云林县斗六校区。台湾成功大学已成为台湾南部地区的学术科研中心、医学中心、物理及光电系统科技中心、纳米研究中心、航太中心、区域网络中心及台湾语文测验中心。

第二章

CHAPTER 2

美洲篇

麻省理工学院

Massachusetts Institute of Technology

麻省理工学院，1861年由著名自然科学家威廉·巴顿·罗杰斯创立。学校位于美国马萨诸塞州波士顿都市区剑桥市，又名马萨诸塞理工学院。麻省理工学院的译名起自清朝时期，后人沿用至今。麻省理工学院被公认为当今世界最顶尖的私立研究型大学。

麻省理工学院在工程技术领域的排名常年位列世界第一，学校综合实力也位居世界前列。麻省理工学院为美国成功研制B—2幽灵隐形战略轰炸机等高科技武器，拥有美国最高机密的林肯实验室，拥有领先世界的计算机科学及人工智能实验室。同时，学校的斯隆管理学院在管理界也赫赫有名，培养了许多全球顶尖的首席执行官。截至2020年，从这里走出了96位诺贝尔奖得主、8位菲尔兹奖得主、15位图灵奖得主。

斯坦福大学

Stanford University

斯坦福大学，被公认为当今世界最顶尖的私立研究型大学，全名小利兰·斯坦福大学，是由时任加州州长及参议员的铁路富豪利兰·斯坦福及他的妻子简·莱思罗普·斯坦福于1891年共同创立。学校以他们因伤寒去世的儿子小利兰·斯坦福的名字命名，以表纪念。

斯坦福大学位于美国加州旧金山湾区南部帕罗奥多市境内，临近世界著名的高科技园区硅谷。斯坦福大学拥有SLAC国家加速器实验室、胡佛研究所等众多顶级科研机构。学校培养了众多高科技公司的领导者，为硅谷的形成和崛起奠定了坚实的基础。截至2020年，从这里走出了84位诺贝尔奖得主、28位图灵奖得主、8位菲尔兹奖得主。

哈佛大学

Harvard University

哈佛大学，坐落于美国马萨诸塞州波士顿都市区剑桥市，是一所享誉世界的私立研究型大学。哈佛大学是美国本土历史最悠久的高等学府，创建于1636年，最早由马萨诸塞州殖民地立法机关创建，初名新市民学院。为了纪念在成立初期给予学院慷慨支持的约翰·哈佛牧师，学校于1639年更名为哈佛学院。1780年，哈佛学院正式改名哈佛大学。

哈佛大学在文学、医学、法学、商学等多个领域拥有崇高的学术地位及广泛的影响力，被公认为当今世界最顶尖的高等学府。截至2020年，从这里走出了160位诺贝尔奖得主（世界第一）、18位菲尔兹奖得主（世界第一）、14位图灵奖得主以及数百位世界500强企业高管。

加州理工学院

California Institute of Technology

加州理工学院所在城市（美国洛杉矶）风光

加州理工学院，被公认为当今世界最顶尖的私立研究型大学，创建于1891年，位于美国加利福尼亚州洛杉矶的帕萨迪纳。学校在物理学、化学、天文学和空间科学等领域具有世界顶级的研究实力。截至2020年，从这里走出了76位诺贝尔奖得主、6位图灵奖得主、4位菲尔兹奖得主。

学校协助美国航空航天局负责管理著名的喷气推进实验室，成功设计实验了人类最早的现代火箭，设计并组装了包括美国阿波罗登月计划在内的诸多具有重大意义的太空飞船。爱因斯坦、费曼、霍金、波尔、密立根、盖尔曼、哈雷、摩尔根、冯·卡门等著名科学家都曾执教于此，“中国航天之父”“中国导弹之父”钱学森1939年获得加州理工学院博士学位并在此任教。

芝加哥大学

The University of Chicago

芝加哥大学，是世界最顶级的私立研究型大学，1890年由石油大王约翰·洛克菲勒创办，坐落于美国国际金融中心芝加哥。从曼哈顿计划起，大批科学家汇集于此，创建了世界上第一台核反应堆——芝加哥一号堆，开启了人类原子能时代，创建了美国第一所国家实验室阿贡国家实验室和著名的费米实验室。

芝加哥大学，以“盛产”诺贝尔奖得主而闻名。截至2020年，从这里走出了100位诺贝尔奖得主、10位菲尔兹奖得主、4位图灵奖得主。华裔诺贝尔物理学奖得主杨振宁、李政道、崔琦均在芝加哥大学取得物理学博士学位，华裔诺贝尔化学奖得主李远哲曾在芝加哥大学担任化学教授。

普林斯顿大学

Princeton University

普林斯顿大学，是世界最顶级私立研究型大学，始建于1746年，前身为新泽西学院，1896年改名为普林斯顿大学。学校位于美国东海岸新泽西州的普林斯顿市，环境优美，景色宜人。普林斯顿大学以数学、哲学和物理系最为著名，学校拥有规模巨大的等离子体物理研究中心。

截至2020年，从这里走出了69位诺贝尔奖得主、15位菲尔兹奖得主、14位图灵奖得主。中国著名的科学家华罗庚、施一公、姜伯驹，中国科学院外籍院士陈省身、李政道、杨振宁都曾担任过普林斯顿大学的高级研究院研究员。

宾夕法尼亚大学

University of Pennsylvania

宾夕法尼亚大学，是全球一流的私立研究型大学，1740年由本杰明·富兰克林创建。学校位于宾夕法尼亚州最大城市费城，是美国第四古老的高等教育机构，也是美国第一所从事科学技术和人文教育的现代高等学校。

这里创立了美国第一所医学院，风疹疫苗、乙肝疫苗、认知心理疗法等均发明于此；这里诞生了人类历史上第一台通用电子计算机，宾夕法尼亚大学也因此被誉为现代计算机科学文明的发源地；这里创立了美国第一所商学院，培养的亿万富豪校友数量位居全美第一。校友中有36位诺贝尔奖得主。

美国
America

耶鲁大学

Yale University

耶鲁大学，是世界一流的私立研究型大学，最初由康涅狄格州公理会教友于1701年创立。校方为了感谢伊利胡·耶鲁的捐助，1718年改名为耶鲁学院。耶鲁大学坐落于美国康涅狄格州纽黑文，是全美第三古老的高等学府。耶鲁大学校园环境古典浪漫，被誉为“美国最美丽的城市校园”。

截至2020年，从这里走出了65位诺贝尔奖得主、5位菲尔兹奖得主、3位图灵奖得主。耶鲁大学还为美国演艺圈输送了大批光彩照人的影视明星和艺术家。

康奈尔大学

Cornell University

康奈尔大学，是全球一流的私立研究型综合大学，始建于1865年，是由企业家埃兹拉·康奈尔和学者安德鲁·迪克森·怀特两人合作创办。学校主校区位于纽约州手指湖地区的伊萨卡小城，湖光山色，风景秀丽。康奈尔大学最初以农工学院为特色，并第一个开办了酒店管理学院、工业与劳工关系学院。学校在农业、兽医、工科、劳工关系、建筑、传媒、应用经济、酒店管理等相关领域享有盛名。

康奈尔大学建有多个国家研究中心，包括高能同步加速器研究中心，科学、工程理论和模拟中心，弗洛伊德·纽曼核研究实验室，数理科学研究所，国家天文学和电离层研究中心，国家纤细结构研究中心，美国农业部植物与土壤研究所，以及鲍依斯·汤普森植物研究院。截至2020年，从这里走出了61位诺贝尔奖得主。

美国
America

哥伦比亚大学

Columbia University

哥伦比亚大学，正式名称为纽约市哥伦比亚大学，始建于1754年，前身为国王学院，1896年更名为哥伦比亚大学。学校位于美国纽约曼哈顿，地处美国文化、金融、外交中心，与华尔街、联合国总部、百老汇毗邻。哥伦比亚大学拥有世界一流的法学院、商学院、医学院、新闻学院、国际关系学院、工程学院等，是美国历史悠久的世界一流私立研究型综合大学。

建校以来，哥伦比亚大学培养了5位美国开国元勋，4位美国总统，34位各国元首和政府首脑，20位亿万富翁，哥伦比亚大学也因此被誉为“政治经济领袖的摇篮”。哥伦比亚大学是美国的重要研究机构，这里诞生了脑机接口、激光、微波激射器、核磁共振等。截至2020年，从这里走出了96位诺贝尔奖得主、5位菲尔兹奖得主、3位图灵奖得主。

美国
America

约翰·霍普金斯大学

Johns Hopkins University

约翰·霍普金斯大学，是一所享誉世界的私立研究型大学，始创于1876年，学校主校区位于美国马里兰州巴尔的摩市，校园绿树成荫，古典浪漫，风景宜人。其分校区位于美国首都华盛顿特区，并在中国南京大学、意大利博洛尼亚设有教学校区。

约翰·霍普金斯大学不仅拥有全球顶级的医学院、公共卫生学院、国际关系学院，其在生物工程、空间科学、社会与人文科学、金融经济、音乐艺术等领域也名扬世界。学校的应用物理实验室是美国近代物理学人才的摇篮，同时也是美国国防部的主要合同商。截至2020年，校友中有39位诺贝尔奖得主。

美国
America

加州大学伯克利分校

University of California, Berkeley

加州大学伯克利分校，始建于1868年，学校位于美国旧金山湾区伯克利市，依山傍海，景色壮丽。加州大学伯克利分校是加州大学的创始校区，学校以自由、包容的校风著称。学校的物理、化学、计算机科学、工程学、经济学、法学等学科均位列世界前十，是一所世界顶级的公立研究型大学。

截至2020年，从这里走出了107位诺贝尔奖得主、14位菲尔兹奖得主、25位图灵奖得主。这里研制出了人类第一枚原子弹、氢弹；这里发明了回旋加速器，并创立了美国著名的劳伦斯伯克利国家实验室；这里发现了16种化学元素；这里走出了英特尔创始人、苹果公司创始人、特斯拉创始人等众多商界领袖。

纽约大学

New York University

纽约大学，创建于1831年，由时任美国财政部长艾伯特·加勒廷创立。学校位于美国文化经济中心城市纽约，在伦敦、马德里、悉尼、柏林、巴黎等地设立了11个全球学术中心。纽约大学是全美国际学生数量最多的大学，也是全美规模最大的世界著名私立研究型大学。

纽约大学在哲学、数学、医学、会计与金融、法律、表演艺术、计算机科学等多个学科拥有世界顶尖的学术资源。其帝势艺术学院拥有全美顶尖的表演艺术专业；其斯特恩商学院是蜚声世

纽约大学所在城市（美国纽约市）风光

界的商学院，财政、金融、地产等专业排名全美前三；法学院为全美最好的“T6”超级法学院之一；牙医学院、朗格尼医学中心及属下医学院均为全美前十医学科研院所。截至2020年，从这里走出了37位诺贝尔奖得主、5位菲尔兹奖得主、8位图灵奖得主、26位普利策奖得主、37位奥斯卡金像奖得主。

加州大学洛杉矶分校

University of California, Los Angeles

加州大学洛杉矶分校，始建于1919年，坐落于美国加州洛杉矶市。加州大学洛杉矶分校是互联网的诞生地，也被誉为美国商业金融、高科技产业、电影艺术等人才的摇篮。截至2020年，从这里走出了24位诺贝尔奖得主、4位图灵奖得主、3位菲尔兹奖得主。加州大学洛杉矶分校是整个加州最大的大学，是世界一流的公立研究型大学。

学校也因其学生在各种重要体育赛事中取得的优异成绩而闻名于世，其学生和校友共获得了123枚金牌、54枚银牌和56枚铜牌，金牌数和总奖牌数均位列全美第三。同时，学校培养的NBA球员数量位居全美第二；在NCAA联赛中，加州大学洛杉矶分校以116项冠军位列全美第一。

杜克大学

Duke University

杜克大学，始建于1838年，其前身为三一学院，1924年更名为杜克大学。学校坐落于美国北卡罗来纳州的达勒姆，是美国南部最好的私立大学，也是世界知名的研究型大学。

杜克大学拥有40多个研究机构，生物科学、统计学、人文科学、公共政策、心理学、计算机科学、政治学及工程学等多个学科排名全美前列，其商学院、法学院、医学院长期位列美国前十。美国总统尼克松和众多诺贝尔奖得主及商界领袖都是杜克大学的校友。

卡内基梅隆大学

Carnegie Mellon University

卡内基梅隆大学，创建于1900年，由工业家兼慈善家安德鲁·卡内基和著名银行家安德鲁·梅隆二人创立，是一所享誉世界的私立研究型大学。学校主校区位于美国宾夕法尼亚州的匹兹堡，在硅谷及卡塔尔设有分校，同时在纽约、洛杉矶、华盛顿特区、中国、澳大利亚、葡萄牙、卢旺达等地设有合作研究机构。

卡内基梅隆大学拥有享誉全球的计算机学院和戏剧学院，它的计算机科学专业和麻省理工学院并列全美第一。学校的软件工程学院是美国国防部军管研究院，其毕业生大多成为业界精英。另外，学校的艺术学院、商学院、工程院、公共管理学院等均名列全美前茅。截至2020年，从这里走出了20位诺贝尔奖得主、13位图灵奖得主、9位奥斯卡金像奖得主。

美国
America

华盛顿大学

University of Washington

华盛顿大学，始建于1861年，学校有西雅图、塔科马、贝瑟三个校区，主校区坐落在美国最宜居城市西雅图。学校拥有世界一流的医学院、商学院、法学院、工学院、教育学院、美术学院、音乐学院、信息科学学院和海洋科学学院。校友中有20位诺贝尔奖得主、1位菲尔兹奖得主、2位图灵奖得主、11位太空宇航员。华盛顿大学是一所世界著名的公立研究型综合大学。

华盛顿大学的教授和研究人员发明了乙肝疫苗、肾透析术，绘制了人类基因图谱，揭示了生命奥秘，主持设计了波音747大客机、月球轨道飞船和哥伦比亚航天飞机，参与了宇宙飞船探月研究项目，开发了计算机DOS操作系统。

伊利诺伊大学厄巴纳-香槟分校

University of Illinois at Urbana-Champaign

伊利诺伊大学厄巴纳-香槟分校，创建于1867年，位于美国伊利诺伊州幽静的双子城厄巴纳－香槟市。学校以工科专业在全球享有盛誉，多数专业都位列全美前十，其计算机、信息科学和会计学专业长期位列全美前三，是一所享誉世界的公立研究型大学。

从这里走出了30位诺贝尔奖得主、1位菲尔兹奖得主、2位图灵奖得主。世界著名数学家、中国科学院院士华罗庚曾在此担任教授，中国气象学家、教育家、中国科学院院士、浙江大学前校长竺可桢也曾求学于此。

多伦多大学

University of Toronto

多伦多大学，前身为国王学院，始建于1827年，是殖民时代加拿大最早的高等学府之一，1849年改为现名。学校有圣乔治、密西沙加和士嘉宝3个校区。圣乔治校区是学校的主校区，位于多伦多市中心，校园氛围和谐、雅静，令人心旷神怡。受英国大学制度影响，多伦多大学是北美少数实行独立书院制的学府。

从这里走出了10位诺贝尔奖得主、2位图灵奖得主。学校科研人员发现了胰岛素在控制糖尿病中的作用，发现了一颗脉冲星，研制成功第一台电子心脏起搏器、人造咽喉，发明了肺叶移植术、人造胰、多点触摸技术、首台实用电子显微镜、超声速飞行器、微波动力飞机等。多伦多大学是加拿大的最高学府，是世界顶级的公立研究型大学。

麦吉尔大学

McGill University

麦吉尔大学，始建于1821年，是加拿大魁北克省最古老的英语大学。学校坐落在加拿大第二大都市蒙特利尔，中心校区位于蒙特利尔市区中心皇家山下，校园依山而建，景色优美。麦吉尔大学是世界顶级的公立研究型大学，在国际上声誉很高，被誉为“加拿大哈佛”。

麦吉尔大学拥有75个研究中心，在诸多领域的研究实力处于国际领先水平。从这里走出了12位诺贝尔奖得主、1位图灵奖得主、5位宇航员、9位奥斯卡金像奖得主。

英属哥伦比亚大学

University of British Columbia

英属哥伦比亚大学，又名不列颠哥伦比亚大学，始建于1908年，前身为麦吉尔大学不列颠哥伦比亚分校，1915年独立。学校现有温哥华、奥肯那根两个校区，主校区坐落于加拿大西海岸美丽的花园城市温哥华西面的半岛上，是世界最美的大学之一。这里有怡人的气候、绵延的海岸线和美丽的天体海滩。

不列颠哥伦比亚大学是世界著名的公立研究型大学，学校拥有人类学博物馆、海洋科学研究中心以及世界最大的旋转水银面望远镜、世界最大回旋加速器等一流设施。截至2020年，学校培养了8位诺贝尔奖得主、65位奥运奖牌获得者。

加拿大
Canada

阿尔伯塔大学

University of Alberta

阿尔伯塔大学所在城市（加拿大埃德蒙顿市）风光

阿尔伯塔大学，始建于1908年，学校现有5个校区，主校区位于埃德蒙顿市中心北萨斯喀彻温河南岸。校内的各种设施十分完备先进，广阔的校区容纳了400多个科研实验室，包括加拿大最先进的激光实验室、最前沿的扫描电子显微镜实验室等。阿尔伯塔大学是加拿大最大的公立研究型大学之一。

阿尔伯塔大学的人工智能专业居全球领先地位，其商学院是北美著名的商学院之一，其地球科学、石油化工、化学、农学、生物医学等学科也很著名。从这里，走出了3位诺贝尔奖得主、75位罗德学者。

圣保罗大学

Saint Paul University

圣保罗大学，是巴西圣保罗州政府所资助的三家公立大学之一，创办于1934年，是巴西第一所大学。学校在巴西全国设立了12个校区，其中有4个校区位于圣保罗州。学校是巴西最大的、享有国际声誉的现代综合性大学，是巴西的最高学府。

圣保罗大学拥有2座附属医院、4座博物馆、46座大型图书馆，还拥有自己的出版社。学校汇集了全巴西最顶级的教授和研究人员，教授课程及研究范围几乎涵盖所有知识领域，是巴西国内最重要的科研中心。

布宜诺斯艾利斯大学

Universidad de Buenos Aires

布宜诺斯艾利斯大学，是阿根廷最大的、最顶尖的公立综合性大学。学校始建于1821年，现有13座大学学院、8所大学分校中心、10座博物馆、13所图书馆、5个医疗单位及健康中心等。这里培养了大批阿根廷各领域的精英，校友中诞生了5位诺贝尔奖得主。

墨西哥国立自治大学

National Autonomous University of Mexico

墨西哥国立自治大学所在城市（墨西哥城）风光

墨西哥国立自治大学，是墨西哥的最高学府，创建于1551年，前身是西班牙殖民时期建立的墨西哥皇家教会大学，1929年更名为墨西哥国立自治大学。学校位于墨西哥城，校园里有许多著名建筑。墨西哥国立自治大学是墨西哥和拉丁美洲地区历史最悠久的综合性大学，也是世界上规模最大的高等学府之一。学校现有学生近30万人，教师约2万人。

第三章

CHAPTER 3

欧洲篇

牛津大学

University of Oxford

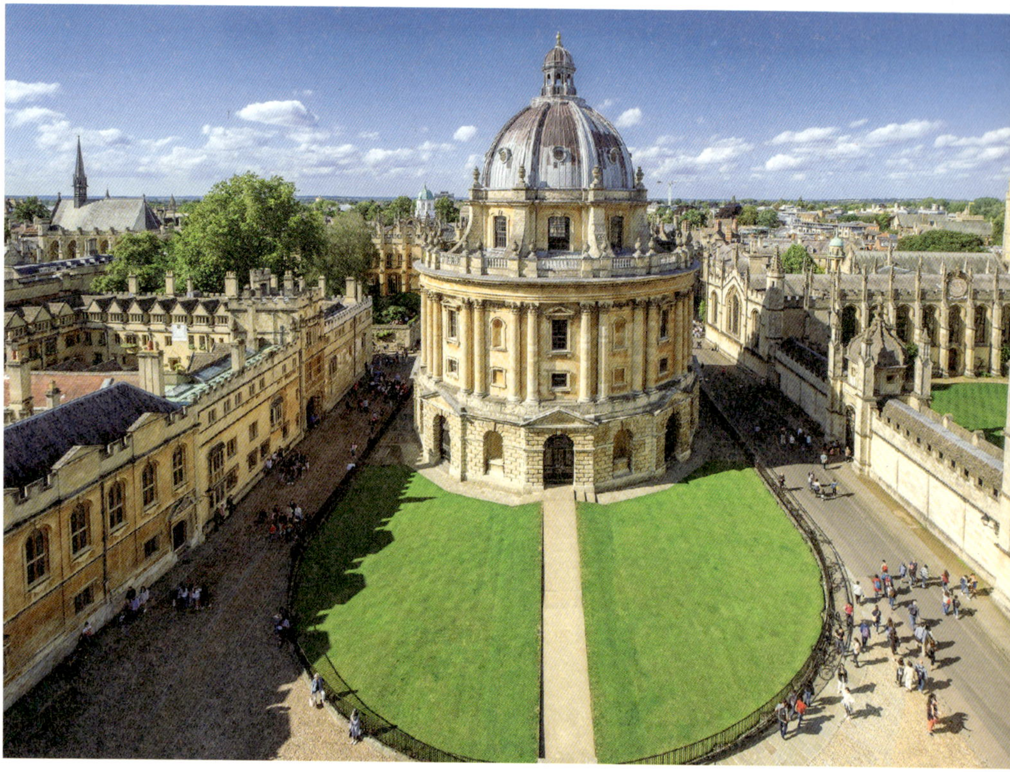

牛津大学，被公认为当今世界最顶尖的公立研究型大学，坐落于距英国伦敦约90公里的牛津郡。学校有记录的授课历史可追溯到1096年，是英语世界中最古老的大学。牛津大学采用书院联邦制，学校共有38个学院，在数学、物理、医学、法学、商学等多个领域拥有崇高的学术地位及巨大的影响力。

牛津大学培养了无数杰出人物，校友中有数十位世界各国元首和众多政商界领袖。截至2020年，这里走出了71位诺贝尔奖得主、3位菲尔兹奖得主、6位图灵奖得主。

剑桥大学

University of Cambridge

剑桥大学，被公认为当今世界最顶尖的公立研究型大学，位于英国伦敦以北80公里的剑桥市，学校拥有800多年历史，是英国第二古老的大学。学校采用书院联邦制，其31个学院遍布在整个剑桥市中心。

800年来，剑桥大学人才辈出，群星璀璨。这里曾汇聚了牛顿、开尔文、麦克斯韦、波尔、玻恩、狄拉克、奥本海默、霍金、达尔文、沃森、克里克、马尔萨斯、马歇尔、凯恩斯、图灵、怀尔斯、华罗庚等科学巨匠，弥尔顿、拜伦、丁尼生、培根、罗素、维特根斯坦等文哲大师。截至2020年，这里走出了121位诺贝尔奖得主、11位菲尔兹奖得主、7位图灵奖得主。

帝国理工学院

Imperial College London

帝国理工学院，1907年建立于英国伦敦，由皇家科学院、大英帝国研究院、皇家矿业学院、伦敦城市与行会学院合并组成。帝国理工学院是一所开放式大学，由众多分散的校区组成，主校区位于伦敦著名的南肯辛顿，紧邻海德公园、肯辛顿宫，与白金汉宫、威斯敏斯特教堂亦相距不远，地理位置非常优越。

帝国理工学院所在城市（英国伦敦）风光

帝国理工学院专业设置较为集中，其工程、医科、商学等专业在国际学术界声望极高。这里走出了14位诺贝尔奖得主、3位菲尔兹奖得主。它是世界最具创新力的大学之一，是世界最顶尖的公立研究型大学。

伦敦大学学院

University College London

伦敦大学学院，1826年创立于英国伦敦，最初名字是伦敦大学。1836年，伦敦大学与伦敦国王学院共同成立伦敦大学联盟，正式更名为伦敦大学学院。学校教学楼和校舍遍布伦敦，最早也是最大的校区位于伦敦市中心的布鲁姆斯伯里区的高尔街，邻近大英博物馆、大英图书馆、国王十字车站和摄政公园，被誉为世界十大最美校园。

伦敦大学学院是英国规模最大、学科最广的综合性研究型大学，专精于人文历史、建筑、科技、医学、政治、经济、公共管理等学科领域。这里诞生了34位诺贝尔奖得主、3位菲尔兹奖得主。学校在多个大学排行榜上高居世界前十，是英国超级精英大学，是誉满全球的公立研究型大学。

爱丁堡大学

University of Edinburgh

爱丁堡大学，创建于1583年，坐落于苏格兰首府爱丁堡市，是苏格兰最高学府，是英国老牌名校。学校在欧洲启蒙时代具有相当重要的领导地位，使爱丁堡市成为了当时的启蒙运动中心之一，享有“北方雅典”之盛名。爱丁堡大学是享誉全球的公立研究型大学。

400多年来，爱丁堡大学培养了众多对人类社会有突出贡献的人物，大卫·休谟、亚当·斯密、达尔文、麦克斯韦、贝叶斯、弗莱明、玻恩和钟南山等诸多名家都是爱丁堡大学的杰出校友。截至2020年，这里走出了19位诺贝尔奖得主、1位菲尔兹奖得主、3位图灵奖得主。

曼彻斯特大学

The University of Manchester

曼彻斯特大学，位于英国第二繁华大都市曼彻斯特，2004年由曼彻斯特理工大学(始建于1824年)和曼彻斯维多利亚大学(始建于1851年)这两所世界知名学府合并而成。学校现有来自160多个国家的近4万名学生在此就读，是一所学科门类齐全、科系众多的世界知名公立研究型综合大学。

曼彻斯特大学以教学严谨、学术风气自由著称，校友中有25位诺贝尔奖得主。学校为全球贡献了众多重大研究成果，如原子分裂、世界上第一台可存储程序计算机以及石墨烯的发现等。

伦敦政治经济学院

The London School of Economics and Political Science

伦敦政治经济学院所在城市（英国伦敦）风光

伦敦政治经济学院，1895年创立于英国伦敦，校园地处英国政治、商业及媒体中心，毗邻国会大厦、首相办公室、高庭法院、英国广播公司及各类重要金融机构。独特的地理位置为它创造了和外界频繁交流的机遇，它是享誉全球的公立研究型大学。

学校在英国独树一帜，其教学和科研集中在社会、政治、经济科学领域，在社会科学领域取得了享誉世界的成就。截至2020年，校友中诞生了18位诺贝尔奖得主。在欧洲的大学中，伦敦政治经济学院培养了最多的亿万富豪。

布里斯托大学

University of Bristol

布里斯托大学，是世界知名的公立研究型大学，始建于1876年，学校位于英格兰布里斯托。布里斯托历史悠久、美丽宜居，空中客车、东芝、劳斯莱斯等公司都把总部或研发中心设在此地，被誉为“欧洲的硅谷”。

布里斯托大学培养了13位诺贝尔奖得主和众多领域的精英。学校以“学术卓越创新与独立前瞻性精神相结合”享誉全球，是全英最好的五所顶尖研究型大学之一，在诸多领域的研究引领全球。学校的工程学院被冠以“英国工程王国”的美誉。

格拉斯哥大学

University of Glasgow

格拉斯哥大学，始建于1451年，是英语世界国家第四古老的大学，是享誉国际的公立研究型大学。学校位于英国苏格兰第一大城市格拉斯哥，校区分布在格拉斯哥的各个地区，主校区位于城市西区。格拉斯哥的建筑在欧洲享有盛誉，被称为“英国建筑设计之城”，格拉斯哥大学亦是城市著名的景点。

格拉斯哥大学创建了英国第一个土木工程系和造船系，其航空工程、海事海洋工程、计算机软件工程都堪称世界一流，其会计、财经、管理研究也是学校突出的学术优势。从这里走出了7位诺贝尔奖得主和众多行业精英。

伯明翰大学

University of Birmingham

伯明翰大学，始建于1825年，位于英国第二大城市伯明翰。在英国大学专业排名中，其物理、天文、化学工程、计算机科学等专业均位列全英前5名，其商学院是英国的第一所商学院，也是获得AACSB、AMBA和EQUIS三大认证的精英商学院。伯明翰大学是享誉世界的公立研究型大学，是世界100强名校。

心脏起搏器和塑料心脏瓣膜的研制、维生素C的合成、利用微波为雷达和炉提供动力、过敏性疫苗的应用、人工血主要组成部分的合成等都是伯明翰大学的研究成果。从这里走出了11位诺贝尔奖得主。中国近代地质学之父李四光，“两弹一星”元勋姚桐斌，中国金属物理、冶金史学科奠基人柯俊等都是伯明翰大学的杰出校友。

伦敦玛丽女王大学

Queen Mary University of London

伦敦玛丽女王大学所在城市（英国伦敦）风光

伦敦玛丽女王大学，始建于1885年，又名伦敦大学玛丽女王学院，得名于英王乔治五世之妻玛丽王后。伦敦玛丽女王大学是享誉国际的公立综合性研究型大学。学校拥有伦敦地区最大的校园，其主校区位于伦敦东部的麦尔安德。

伦敦玛丽女王大学在医学、法学、社会科学和工程学领域享有很高声誉。学校诞生了9位诺贝尔奖得主，校友和教师中不乏英国皇家学会、英国科学院、皇家工程院院士。

慕尼黑工业大学

Technical University of Munich

慕尼黑工业大学，始建于1868年，坐落于德国南部巴伐利亚州首府慕尼黑，是欧洲工业革命以来历史最悠久和最有名望的科技大学之一。在世界大学各类排名中，慕尼黑工业大学常年位居德国理工类大学榜首。

慕尼黑工业大学在与企业界产学研对接、合作上成就斐然，蜚声国际。它是“柴油机之父”狄塞尔、“制冷机之父”林德、“流体力学之父”普朗特、文豪托马斯·曼等世界著名科学家及社会名人的母校，从这里走出了17位诺贝尔奖得主。

德国
Germany

慕尼黑大学

Ludwig Maximilian University of Munich

慕尼黑大学，始建于1472年，坐落在德国巴伐利亚州首府慕尼黑市。学校在社会科学、人文科学、物理、化学、医学、数学、计算机语言学等多个领域拥有崇高的学术地位和广泛的影响力。从这里走出了42位诺贝尔奖得主和众多行业精英。慕尼黑大学在德国大学中稳居综合指数排名榜首，它是世界一流的公立综合性研究型大学。

海德堡大学

Heidelberg University

海德堡大学，始建于1386年，位于巴登-符腾堡州大学城海德堡，学校是罗马帝国创建的第三所大学，是德国境内最古老的大学，是享誉世界的公立综合性研究型大学。海德堡大学是德国浪漫主义与人文主义之象征，大学城海德堡是一座以古堡、内卡河闻名的文化名城。歌德曾赋诗《我把心遗失在了海德堡！》，令海德堡这一古老而浪漫的大学城不仅因学术更因其独特魅力风靡于外。

海德堡大学养育了大批巨匠伟人，黑格尔、厉麟似、费尔巴哈、马克思·韦伯等都曾在这里留下了他们的身影。截至2020年，从这里走出了27位诺贝尔奖得主。

柏林洪堡大学

Humboldt-Universitat zü Berlin

柏林洪堡大学，是享誉世界的公立综合性研究型大学，前身为柏林大学，始建于1810年，位于德国首都柏林。学校是第二次世界大战前的世界学术中心，是世界上第一所将科学研究和教学相融合的新式大学，拥有辉煌的历史，学校被誉为“现代大学之母”，享有“没有洪堡大学就没有光辉灿烂的德意志文明”的美誉。

学校在人文科学和自然科学领域有着顶尖的声誉和强大的实力，其文学、历史、法学、哲学、社会学、数学、物理、化学、医学等学科的排名均位居世界前列。爱因斯坦、黑格尔、马克思等巨匠伟人都曾在此留下了他们的身影。截至2020年，这里诞生了55位诺贝尔奖得主，诺奖人数在德国大学中位居第一。

卡尔斯鲁厄理工学院

Karlsruhe Institute of Technology

卡尔斯鲁厄理工学院所在城市（德国卡尔斯鲁厄）风光

卡尔斯鲁厄理工学院，创建于1825年，坐落在德法边境名城卡尔斯鲁厄，学校由原卡尔斯鲁厄大学和原卡尔斯鲁厄研究中心合并而成。卡尔斯鲁厄理工学院既是一所德国顶尖的理工科大学，也是一所国家级的大型研究中心，在自然科学和工程技术领域享有盛誉，是世界知名的公立理工院校。

这里诞生了6位诺贝尔奖得主，这里走出了“电磁波的发现者”海因里希·赫兹、“液晶之父”奥托·雷曼、“合成氨之父”弗里茨·哈伯、“氢弹之父”爱德华·泰勒、“高分子化学之父”赫尔曼·施陶丁格、“汽车之父”卡尔·本茨等世界著名科学家、企业家和众多行业精英。

巴黎文理研究大学

Paris Sciences & Lettres - PSL University

巴黎文理研究大学所在城市（法国巴黎）风光

巴黎文理研究大学，坐落于法国首都巴黎，2010年由巴黎地区9所专长不同的高校及研究所合并组成的综合性研究型公立大学。学校在工学、文学、理学、经济学和医学等多个领域拥有崇高的学术地位及广泛的影响力，学校的目标是成为法国乃至欧洲大陆的最高学府。截至2020年，从这里走出了33位诺贝尔奖得主、14位菲尔兹奖得主。

巴黎综合理工大学

Paris Polytechnic University

巴黎综合理工大学，又名巴黎综合理工学院，位于法国首都巴黎，始于1794年创立的法国工程师大学校。1804年，拿破仑一世将其变成一所军事学院，如今它仍隶属于法国国防部。学校是法国最顶尖且最负盛名的工程师大学，在法国各类院校中常年排名第一，被誉为“法国精英教育模式的巅峰”。

巴黎综合理工大学所在城市（法国巴黎）风光

巴黎综合理工大学是世界百强名校，以培养领导人才而著名。从这里走出了4位诺贝尔奖得主，近半数法国企业的首席执行官CEO都是巴黎综合理工大学的校友。

索邦大学

Sorbonne University

索邦大学，位于法国首都巴黎，由原索邦大学（巴黎第四大学）、原皮埃尔和玛丽居里大学（巴黎第六大学）于2018年合并而成。原索邦大学是一所以人文学科为特色的大学，是法国公认的文科强校。原皮埃尔和玛丽居里大学是法国唯一一所只有理工学科的公立大学，其数学、物理学、地球科学、医学等多个学科处于全球领先水平。

索邦大学诞生了25位诺贝尔奖得主、12位菲尔兹奖得主、1位图灵奖得主。它是世界知名的公立研究型大学。

巴黎政治学院

Paris Institute of Political Studies

巴黎政治学院所在城市（法国巴黎）风光

巴黎政治学院，创建于1872年，位于法国首都巴黎，是法国政治学院系统的最高学府，在欧洲乃至世界享有盛誉，是世界顶尖的社科类公立大学。

巴黎政治学院被誉为“法国社会精英的摇篮”。自法兰西第五共和国成立以来，在8位法国总统中，有6位总统毕业于此；在19位法国总理中，有13位总理毕业于此。有12位外国国家元首与政府首脑也毕业于巴黎政治学院。

苏黎世联邦理工学院

Zurich Federal Institute of Technology

苏黎世联邦理工学院，1854年由瑞士联邦政府创建，主校区位于瑞士第一大城市苏黎世的中心。苏黎世是全球最宜居的城市之一，这里聚集了120多家跨国银行的总部，是全世界最大的金融中心之一，被誉为“欧洲亿万富翁都市”。苏黎世联邦理工学院是世界最顶尖的公立研究型大学，被誉为“欧陆第一名校”。

苏黎世联邦理工学院在工程与技术领域享有盛誉，其地球与海洋科学、建筑学、统计与运筹学、化学工程、电气与电子工程、数学、土木工程、计算机科学与信息系统等均位列世界前10。这里诞生了世纪伟人爱因斯坦、X射线发现者伦琴、泡利不相容原理发现者泡利、现代计算机之父约翰·冯·诺伊曼等杰出人物。截至2020年，从这里走出了32位诺贝尔奖得主、2位菲尔兹奖得主、1位图灵奖得主。

瑞士
Switzerland

洛桑联邦理工学院

Lausanne Federal Institute of Technology

洛桑联邦理工学院，成立于1969年，位于瑞士法语区的洛桑，与德语区的苏黎世联邦理工学院是姊妹院校，两所院校以及相应研究机构共同组成了瑞士联邦理工学院，直接由联邦政府管理。学校拥有核反应堆、托卡马克聚变反应堆、超级计算机等重要设施和多个专门研究机构。

洛桑联邦理工学院在欧洲及世界上都是一所顶尖的公立理工院校，在工程科技领域享有极高的声望，其工程技术和自然科学领域均处于世界领先水平，在多项大学排名中学校均位列世界大学20强。学校与姊妹学校苏黎世理工学院是非英语国家排名最高的大学，在全球最佳年轻大学排行榜上名列第二。

瑞士
Switzerland

苏黎世大学
University of Zurich

苏黎世大学，始建于1833年，坐落于瑞士联邦举世闻名的国际化城市苏黎世。苏黎世大学是瑞士规模最大、实力最强的综合性公立大学，其理学、医学、生命科学、社会科学等学科享有盛名，其分子生物学、大脑研究和人类学等领域具有开拓性的研究实力，众多学科都位于世界顶尖水平。

苏黎世大学培养了12位诺贝尔奖得主和众多科学名家，包括第一届诺贝尔物理学奖得主、X射线的发现者伦琴，“世纪伟人”爱因斯坦。

瑞士
Switzerland

日内瓦大学

University of Geneva

日内瓦大学，始建于1559年，位于瑞士第二大城市日内瓦。学校规模仅次于苏黎世大学，前身为约翰·加尔文建立的日内瓦学院，1873年更名为日内瓦大学。学校在生命科学、基本粒子物理学、天体物理学等领域的研究处于世界领先水平。学校设有全球历史最为悠久、教学水平最高的日内瓦高级翻译学院，其高级国际关系及发展学院享有盛誉。

学校利用独一无二的区域优势，与世界卫生组织、国际电信联盟、国际红十字会和欧洲核研究组织等在内的众多国际组织建立了密切的合作关系。4位校友荣获诺贝尔奖。

瑞士
Switzerland

伯尔尼大学

University of Bern

伯尔尼大学，始建于1834年，位于瑞士首都伯尔尼，其校史可以追溯到16世纪早期建立的神学院。伯尔尼大学现已成为瑞士一流、享誉国际的公立综合性研究型大学。学校专业涵盖人文社科到自然科学的诸多领域，其环境科学、计算机科学、地球科学、医学和社会学等领域的研究享誉全球。

学校校友中诞生了3位诺贝尔奖得主，爱因斯坦曾在伯尔尼大学教授理论物理学，并在此提出了著名的相对论。学校物理学院曾经参与了人类首次月球探险，如今仍继续为美国宇航局和欧洲航天局的项目提供实验分析数据。

代尔夫特理工大学

Technische Universiteit Delft

荷兰风光

代尔夫特理工大学，始创于1842年，位于荷兰的历史名城代尔夫特市，前身为荷兰王国皇家学院。学校是荷兰历史最悠久、规模最大、综合实力最强的公立理工大学，也是欧洲最著名的理工大学之一，其专业几乎涵盖了所有工程技术领域，与斯坦福大学等一同被评选为“当代工程教育的领导者”。

代尔夫特理工大学诞生了4位诺贝尔奖得主。学校创造第一个具有延展性的量子计算机原型，在量子计算领域处于世界顶尖水平；学校拥有自己的芯片生产公司和研发中心；其航空航天工程系更是拥有世界上最先进的科研型飞行模拟器和飞行试验机。英特尔、微软、飞利浦、阿斯麦、壳牌、欧洲航天局、美国航天局、荷兰皇家航空公司等众多跨国巨头和知名研究机构都与该校建立了密切的合作关系。

荷兰
Holland

阿姆斯特丹大学

University of Amsterdam

阿姆斯特丹大学，是世界知名的公立研究型大学，始创于1632年，坐落在荷兰首都阿姆斯特丹。阿姆斯特河从城市的中心流过，拥有70多万人口的阿姆斯特丹既是一个国际大都会，又无处不散发着“小城故事”的气氛，在这里古老和现代、高雅和市俗、富有和贫穷，彼此矛盾着却能相安无事。

学校设有人文学部、社会与行为科学学部、商学部、法学部、理学部、医学部以及牙医学部共7个学部，其学部星罗棋布地分布在阿姆斯特丹城市的各个角落。学校的商学院获得EQUIS、AACSB、AMBA三项世界顶级认证，是荷兰乃至欧洲最好的商学院之一。从这里，走出了6位诺贝尔奖得主。

莱顿大学

Leiden University

莱顿大学，始创于1575年，位于荷兰古典美丽的小城莱顿。学校所有建筑散布在城市各处，莱顿城与莱顿大学相互融合，莱顿成了名副其实的大学城。莱顿大学是荷兰王国第一所大学，是欧洲最具声望的大学之一，是享誉世界的公立综合性研究型大学。

莱顿大学在人文和科学领域站在世界前沿，培养出了众多影响人类文明进程的杰出人才。这里曾汇聚笛卡尔、惠更斯、伦勃朗、斯宾诺莎等多位科学文艺巨匠；从这里走出了洛伦兹、爱因斯坦、费米等16位诺贝尔奖得主。

荷兰
Holland

乌得勒支大学

Utrecht University

乌得勒支大学，坐落在荷兰人文荟萃的重镇乌得勒支市，始建于1636年，是荷兰第四古老的大学。学校现有七大学院，能开设几乎所有知识领域的课程，是荷兰规模最大的大学，是国际知名的公立综合性研究型大学。

学校地球科学院的自然地理学及“气候变化和生态环境研究”专项领域均位居世界顶尖水平。乌得勒支大学以强大的研究实力、高质量的教育水准和良好的学术声誉而享誉欧洲，从这里，走出了12位诺贝尔奖得主。

隆德大学

Lund University

隆德大学，始建于1666年，位于瑞典隆德市，是瑞典最大的综合性大学。隆德大学集高等教育与科学研究为一体，提供几乎所有领域的教育研究机会。学校拥有众多研究中心和专业学术机构，是瑞典最具科研实力的大学，在教学和科研方面都享有极高的国际声誉。隆德大学是欧洲知名的公立综合性研究型大学，从这里走出了多位诺贝尔奖得主、菲尔兹奖得主、瑞典首相及行业精英。

瑞典皇家理工学院

Royal Swedish Institute of Technology

瑞典皇家理工学院，始建于1827年，坐落于瑞典首都斯德哥尔摩。斯德哥尔摩风景秀丽，是北欧最大的城市，是一座舒适而又别致的城市。学校在斯德哥尔摩地区共有5个校区，其西斯塔校区所在的科技园是仅次于美国硅谷的全球第二大信息技术中心。

瑞典皇家理工学院诞生了2位诺贝尔奖得主、1位菲尔兹奖得主。它是瑞典规模最大、历史最悠久、国际化程度最高的理工科院校，承担了瑞典近三分之一的工程技术研究。学校在建筑学、电子电气工程、机械工程、土木与结构工程、计算机科学与信息系统、可持续能源等领域处于世界领先水平。

乌普萨拉大学

Uppsala University

乌普萨拉大学，始建于1477年，坐落于瑞典古都乌普萨拉市，是北欧地区的第一所大学。学校经过500多年的发展，现已成为瑞典最顶级的公立综合性大学，也是享誉世界的研究型大学。

乌普萨拉大学素有“瑞典的剑桥大学”之称，学校在生命科学、生物医学、艺术、人文科学、自然科学、社会科学等领域位居世界前列。截至2020年，校友中诞生了15位诺贝尔奖得主。

斯德哥尔摩大学

Stockholm University

斯德哥尔摩大学，始建于1878年，坐落于素有“北欧的威尼斯”之称的瑞典首都斯德哥尔摩。学校所在地环境非常优美，公园式的建筑风格融合了传统文化和现代气息。学校是瑞典规模最大的综合类大学之一，是瑞典高等教育科研中心，是瑞典顶级国际知名的公立研究型大学。

斯德哥尔摩大学致力于自然科学、人文学、社会科学和法学领域的高品质教育和研究，在欧洲享有广泛盛誉。截至2020年，从这里走出了7位诺贝尔奖得主。

莫斯科大学

University of Moscow

莫斯科大学，全名为莫斯科罗蒙诺索夫国立大学，始建于1755年，老校舍位于莫斯科市中心的红场近旁，新校舍坐落在列宁山上。学校是俄罗斯联邦规模最大、历史最悠久的综合性研究型高等院校，是欧洲顶尖、世界著名的高等学府之一。

莫斯科大学校友中诞生了13位诺贝尔奖得主、6名菲尔兹奖得主。从这里走出了众多世界知名人士和俄罗斯政界、科学界的精英。学校在数学、物理学、生物学、地质学、化学等领域所取得的成就举世瞩目。

圣彼得堡国立大学

St Petersburg State University

圣彼得堡国立大学，创建于1724年，坐落在俄罗斯圣彼得堡瓦西里岛上，原名为圣彼得堡皇家大学，后改名为列宁格勒大学，1991年更为现名。圣彼得堡国立大学是俄语世界第一所大学，是俄罗斯重要的科研文教中心之一，是欧洲顶级、世界著名的公立综合类研究型大学。

近300年来，众多伟人名家都在这里留下了他们的身影。欧拉、罗蒙诺索夫、门捷列夫、巴甫洛夫、切比雪夫、布尼亚科夫斯基、楞次、果戈里等学术大师曾执教于此，斯托雷平、列宁、克伦斯基、屠格涅夫、马尔科夫、李雅普诺夫、波波夫、朗道、普京、梅德韦杰夫曾就读于此。从这里走出了9位诺贝尔奖得主、3位菲尔兹奖得主、600多位科学院院士和通讯院士。在中苏友好时期，大批中国留学生赴圣彼得堡国立大学学习，很多留苏学生为新中国的建设和发展作出了杰出的贡献。

哥本哈根大学

University of Copenhagen

哥本哈根大学，创立于1479年，坐落在丹麦王国首都哥本哈根这座全球最宜居之城。学校现有许多博物馆、博物园，其地质博物馆现藏有800多万种样品，植物园拥有全球3万多种植物，并拥有3个基因库，学校还拥有200多个研究中心。哥本哈根大学是丹麦最高学府，是欧洲顶尖的教育和科研机构之一，是世界知名的公立综合类研究型大学。

丹麦人口仅500多万，而哥本哈根大学在各领域或培养或吸引的杰出人物却灿若繁星。这里孕育了世界著名童话大师安徒生，存在主义哲学先驱克尔凯郭尔；这里培养了第一个发现超新星的人和第一个测定光速的天文学家；这里有电磁理论的先驱，也有量子理论的创始人；这里科学地阐述了人脑的结构和肌肉的肌理，寻找到了地球和生命最久远的证据；这里诞生了39位诺贝尔奖得主。

巴塞罗那大学

University of Barcelona

巴塞罗那大学，始创于1450年，位于地中海沿岸最大的城市巴塞罗那，是世界最古老的高等学府之一。学校现有4个校区、16个院系和9个科研中心。巴塞罗那大学有深厚的医学、人文、理学及政商传统，各学科发展均衡，在多个世界大学排行榜中位列西班牙第一。经过500多年的发展，巴塞罗那大学现已成为一所学科全面、集教育与科研于一体、多项科技成果领先世界的著名公立大学。

米兰理工大学

Polytechnic University of Milan

米兰理工大学，创建于1863年，坐落在意大利最富饶的伦巴底大区首府、国际时尚之都米兰。学校有7个校区，主校区位于米兰市区的大学城内。学校专注于工程技术、建筑和设计领域的教育与研究，在许多领域全球领先。学校是意大利最大的科技类大学，是世界知名的公立理工院校。

米兰理工大学在建筑设计、工程技术、产品设计以及航空等领域享誉世界。这里诞生了欧洲首个电子计算中心，拥有欧洲最大的风洞实验室、欧洲最大ICT部门之一；从这里走出了2位诺贝尔奖得主、多位普利兹克奖得主和众多工程技术领域精英。

都柏林圣三一大学

Trinity College , the University of Dublin

都柏林圣三一大学，位于爱尔兰首都都柏林，始建于1592年，是参照牛津、剑桥大学模式兴办，学校与牛津大学奥里尔学院和剑桥大学圣约翰学院互为姐妹学院，学分互认。爱尔兰是欧洲发展最快的国家之一，都柏林活力四射，是爱尔兰的艺术、教育、科学和商业中心，被誉为“欧州的硅谷”。

都柏林圣三一大学是爱尔兰最古老的大学，亦是爱尔兰的最高学府。从这里走出了4位诺贝尔奖得主和很多领域的精英。学校在生物医学、计算机科学、古典研究等领域处于世界领先地位。其爱尔兰皇家音乐学院是世界顶尖的音乐学院；学校的圣三一商学院是欧洲培养企业家最多的商学院; 学校医学院也是欧洲最古老的医学院之一，医学教育处于世界领先水平。

鲁汶大学

Catholic University of Louvain

鲁汶大学，位于比利时鲁汶市，创建于1425年，是世界上现存最古老的天主教大学。1968年，学校分为鲁汶大学（荷兰语原校区）和新鲁汶大学（法语区）。鲁汶大学的各个学院分布于鲁汶市中，没有统一的教学区或学生宿舍区，整个大学掩映在美丽的鲁汶市中。

鲁汶大学是比利时最高学府，学校拥有世界顶尖的微电子研究中心，以微电子基础研究和产业应用的结合而著称于世，其半导体、微电子及纳米技术、生物信息、临床医学、医学影像、神经系统、遗传学、食品科学、精算等诸多领域处于世界领先水平。同时，鲁汶大学医学院附属医院是欧洲最大的三所医院之一。鲁汶大学以严谨的治学态度和高质量的科研水平享誉全球，校友中有4位诺贝尔奖得主。

维也纳大学

University of Vienna

维也纳大学，始建于1365年，是德语世界最古老的大学。学校坐落在奥地利首都维也纳，80多处校舍分布在维也纳各区。古老而宏伟的主校区位于维也纳市一区，其高雅的文化氛围、优美的自然风光，使维也纳大学具有得天独厚的条件，漫步维也纳大学校园就如同徜徉于艺术王国。维也纳大学在校学生达9万之多，是奥地利规模最大的大学，也是欧洲规模最大的大学之一。维也纳大学是奥地利第一所大学，是世界知名的公立综合性研究型大学。

维也纳大学诞生了21位诺贝尔奖得主。物理学家薛定谔、心理学家弗洛伊德、哲学家波普尔、生物学家孟德尔、文学家茨威格、社会学家马克斯·韦伯、捷克斯洛伐克国父马萨里克、以色列国父西奥多·赫茨尔、前联合国秘书长瓦尔德海姆等都是维也纳大学的杰出校友。

芬兰
Finland

赫尔辛基大学

University of Helsinki

赫尔辛基大学，1640年创建于芬兰旧都图尔库，1828年随都迁至素有“波罗的海女儿”之称的芬兰首都赫尔辛基市。它是芬兰第一所大学，也是芬兰的最高学府，是驰名北欧的名校。

赫尔辛基大学实行芬兰语和瑞典语双语教学，其法律、哲学、数学、理论物理、生命科学及医学等学科居世界领先地位。赫尔辛基大学以其悠久的历史、丰富的藏书、一流的设备及杰出的成就闻名欧洲。校友中诞生了4位诺贝尔奖得主、1位菲尔兹奖得主。

奥斯陆大学

University of Oslo

奥斯陆大学，始建于1811年，位于挪威首都奥斯陆，是挪威规模最大、历史最悠久的大学。学校曾是世界上唯一拥有诺贝尔奖颁奖资格的大学，从1947年到1987年，每年的诺贝尔和平奖都是在奥斯陆大学的学术中庭举行。学校还拥有数学界的顶尖奖项“阿贝尔奖”的颁奖权。

奥斯陆大学诞生了5位诺贝尔奖得主、2位图灵奖得主、1位菲尔兹奖得主等学术大师。奥斯陆大学是挪威最高学府，是北欧地区最顶尖的大学之一，是享有国际声誉的公立综合性研究型大学。

第四章

CHAPTER 4

大洋洲篇

澳大利亚国立大学

The Australian National University

澳大利亚国立大学，始建于1946年，坐落于澳大利亚首都堪培拉。学校是一所世界著名的公立综合性研究型大学，同时也是全澳唯一一所由澳大利亚联邦议会创立、唯一享有国立大学资格的最高学府。

学校坐拥南半球最大的图书馆，拥有南半球最先进的超级计算机，以及闻名于世的赛丁泉天文台。澳大利亚四大国家科学院、澳大利亚联邦科学与工业研究组织均坐落于此。世界第一支临床医用青霉素、光子瞬间转移技术诞生于此。截至2018年，从这里走出了7位诺贝尔奖得主、49位罗德学者。学校稳居全球前五十名，并连续16年排名全澳大学第一名。

悉尼大学

The University of Sydney

悉尼大学，始建于1850年，坐落于南半球金融、贸易与旅游中心——澳大利亚新南威尔士州首府悉尼。悉尼大学是全澳历史最悠久的大学，是整个南半球首屈一指的学术殿堂，是世界著名的公立研究型大学。

悉尼大学历史上培养了一系列的重要人物，其毕业生一直牢牢掌控着澳大利亚政治与经济命脉。从这里走出了5位诺贝尔奖得主、100多位罗德学者。

墨尔本大学

University of Melbourne

墨尔本大学，始建于1853年，坐落于澳大利亚的文化、艺术与工业中心墨尔本。学校是澳大利亚历史第二悠久的大学，拥有众多历史悠久的建筑，校园内古典的钟楼、广场与新式的教学大楼交相辉映，环境异常优美。

墨尔本大学被誉为“南半球第一学府”。建校以来，学校培养出了大批遍布世界的优秀校友。从这里走出了8位诺贝尔奖得主、120位罗德学者。

新南威尔士大学

University of New South Wales

新南威尔士大学，创立于1949年，主校区位于澳大利亚新南威尔士州首府悉尼。学校前身为新南威尔士理工大学，1958年更名为新南威尔士大学，是一所享誉世界的公立研究型大学，以顶尖的工程学而著名，澳洲最具影响力的百强工程师中近四分之一毕业于该校。

新南威尔士大学的光电、量子计算、互动影院和艾滋病研究以及金融市场分析在国际上享有盛名，同时也是聚合体化学、光子学、电信等高新产业学科的科研发展基地。学校下设澳大利亚国防学院，故也被称为“战争学府”。

昆士兰大学

University of Queensland

昆士兰大学，始建于1909年，坐落于澳大利亚昆士兰州，是昆士兰州第一所综合型大学，也是澳大利亚最大、最有声望的公立大学之一，在世界范围内享有盛名。

宫颈癌疫（HPV疫苗）、核磁共振成像（MRI）等诸多重大科研成果均诞生于昆士兰大学。校友中有2位诺贝尔奖得主、117位罗德学者。

西澳大学

University of Western Australia

西澳大学，始建于1911年，坐落于澳大利亚西海岸中心城市——西澳大利亚州首府珀斯，是澳大利亚最具历史代表性的世界知名公立研究型大学。学校共设有三大校区、九大学院，罗马风格的建筑坐落在花园般的校园内，被誉为澳洲最美大学校园之一。

西澳大学商学院同时获有AACSB和EQUIS两大国际顶尖认证。教授巴里·马歇尔博士获诺贝尔生理学奖，阿克萨伊·文卡特什获菲尔兹奖。

阿德莱德大学

University of Adelaide

阿德莱德大学，创立于1874年，是澳大利亚历史上第三所大学。学校现有4个校区，主校区坐落于澳大利亚南澳州首府阿德莱德市中心，拥有世界一流的科研设施，以及全面完善的科研培养系统。学校在医学、生命科学、法律、教育、工程学等多项领域享有盛名，是世界百强名校。截至2019年，校友中有5位诺贝尔奖得主、108位罗德学者。

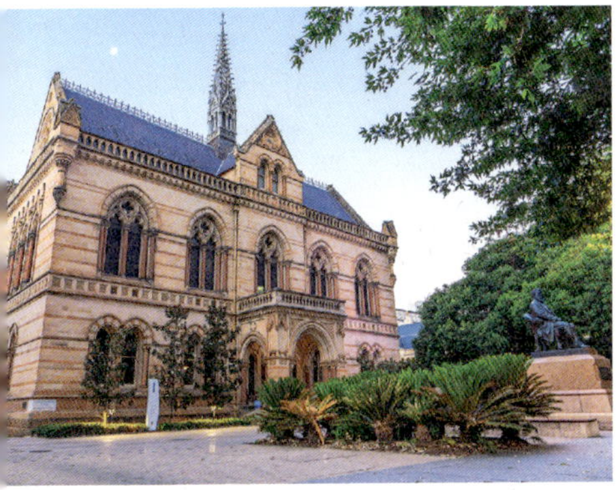

阿德莱德大学制造了世界上第一个可放入自然环境中、遗传控制的有机体，世界上第一个可视计算机芯片，世界上第一个汽车可视电话；同时学校校区拥有南半球最大的农业设施，造就了世界排名数一数二的葡萄酒栽培与酿造专业。

奥克兰大学

University of Auckland

奥克兰大学，始建于1883年，坐落于新西兰第一大城市奥克兰市，靠近海洋，气候温和宜人。学校拥有7个校区，是新西兰最大的综合性大学。学校的计算机、土木工程、建筑与规划、医学、药学、教育、传媒等学科实力一流，学校综合排名常年位居新西兰的大学之首，被誉为新西兰的“国宝级”大学，享有极高的国际声誉。

学校的商学院获得了AACSB、EQUIS和AMBA三大顶级认证。新西兰7个世界级顶尖研究中心有4个在奥克兰大学，学校研究成果占新西兰全国70%以上，著名的R语言、无线充电技术等均为奥克兰大学毕业生与科研人员所创。

奥塔哥大学

University of Otago

奥塔哥大学，是新西兰第一所大学，始创于1869年，位于新西兰奥塔哥省首府达尼丁市。达尼丁是充满苏格兰气息的城市，素有“南半球的爱丁堡”之称，安全舒适，气候宜人。

奥塔哥大学是新西兰顶尖、世界知名的公立研究型大学。奥塔哥大学设有商学、健康科学、人文科学、理学四所学院，学术强项包括生物科学、心理学、人类学、历史和艺术史等。其医学院有很强的科研能力，是第一个将试管婴儿付诸实际的医学中心，有新西兰唯一的、位列全球前10的牙医学校。

第五章

CHAPTER 5

亚洲篇

新加坡国立大学

National University of Singapore

新加坡国立大学，前身为1905年成立的海峡殖民地与马来亚联邦政府医学院，1980年新加坡大学和南洋大学合并，定名新加坡国立大学。学校共有17所学院，分布在新加坡肯特

新加坡国立大学所在城市（新加坡）风光

岗、武吉知马和欧南3个校区。新加坡国立大学在工程、生命科学、生物医学、社会科学及自然科学等领域的研究在世界享有盛名，是新加坡首屈一指的世界知名大学。

南洋理工大学

Nanyang Technological University

南洋理工大学，是新加坡一所享誉国际的高等学府，位列全球大学50强。1991年，南洋理工学院进行重组，正式将国立教育学院纳入旗下，更名为南洋理工大学。高水平的教学质量、融贯中西的课程设置、多元文化的教学资源，让学校具备独特的办学优势。南洋理工大学是全世界最出色的工程学府之一，在纳米材料、生物材料、功能性陶瓷和高分子材料等许多领域的研究享有盛名，是世界著名的研究型大学。同时，南洋理工大学也以其美丽的校园风光闻名，被誉为世界最美丽大学之一。

N1.1

东京大学

University of Tokyo

东京大学，始建于1877年，由东京开成学校与东京医学校在明治维新时期合并改制而成，1947年正式定名为东京大学。学校本部坐落于日本东京都文京区，是日本第一所国立综合性大学，也是亚洲最早的西制大学之一。东京大学是一所世界知名的综合性国立研究型大学，位列日本七所旧帝国大学之首，是日本最高学术殿堂，在全球享有极高的声誉。

东京大学所有学科均无明显短板，其土木、建筑学全球领先，其理学、医学、文学、工程、政治学等也具有世界级影响力。截至2021年，从这里走出了11位诺贝尔奖得主、6位沃尔夫奖得主、1位菲尔兹奖得主。

日本
Japan

京都大学

Kyoto University

京都大学，始建于1897年，是继东京大学成立之后的第二所日本国立大学，它和东京大学是分列日本东西的两颗灿烂的学术明珠。学校最初名为京都帝国大学，二战后，更名为京都大学，本部位于日本京都市左京区。

学校经过100余年的发展，凭借其得天独厚的学术环境、独具特色的传统和学风，成为了日本最杰出的院校之一。京都大学被誉为“科学家的摇篮”，在全球范围内颇具声望。截至2020年，从这里走出了11位诺贝尔奖得主、3位菲尔兹奖得主。

东京工业大学

Tokyo Institute of Technology

东京工业大学所在城市（日本东京）风光

东京工业大学，始建于1881年，其前身为东京职工学校，1929年更名为东京工业大学。学校位于东京都目黑区与横滨市绿区，是日本第一所技术类的国立大学，是日本理工科大学之最。学校工程技术与自然科学专业不仅闻名于日本，在亚洲甚至全球范围内也颇有名望。

大阪大学

Osaka University

大阪大学所在城市（日本大阪府）风光

大阪大学，创建于1931年，前身为大阪帝国大学，二战后正式更名为大阪大学。学校的四个校区分布在大阪府大阪市中之岛、丰中市待兼山町、吹田市山田丘、箕面市粟生间谷东，校本部位于日本大阪府吹田市。学校周边湖光潋滟，山色旖旎，风光秀丽，建筑大气简洁，校园环境非常美丽。

大阪大学是日本顶尖、世界著名的国立研究型综合大学。大阪大学的校友中有许多诺贝尔奖、沃尔夫奖、拉斯克奖得主。同时，学校也培养了一大批日本商界精英，是日本商界精英校友最多的大学。

日本
Japan

名古屋大学

Nagoya University

名古屋大学，创办于1871年，1939年命名为名古屋帝国大学，1947年更名为名古屋大学。名古屋大学的校区集中于日本爱知县名古屋市内，有东山、鹤舞、大幸三个校区。学校是日本中部地区的最高学府，很多研究领域在全世界享有盛誉。截至2019年，从这里走出了6位诺贝尔奖得主、1位菲尔兹奖得主、1位沃尔夫数学奖得主。

名古屋大学所在城市（日本爱知县名古屋市）风光

北海道大学

Hokkaido University

北海道大学，创立于1876年，前身为札幌农学校，1918年更名为北海道帝国大学，1947年正式更名为北海道大学。学校有北海道札幌市和函馆市2个校区，校本部位于札幌市。北海道大学是一所以研究生院为核心的大学，在日本大学中拥有最多研究生院。学校在化学、工程学、农学、林学等领域位列世界前100名。北海道大学是日本北海道地区的最高学府，是日本历史最悠久的国立大学，是世界著名、日本顶尖的研究型综合大学。

25

早稻田大学

Waseda University

早稻田大学，前身为东京专门学校，1882年由日本前内阁总理大臣大限重信创立。学校共有10处校区，校本部位于东京市新宿附近的早稻田校区。早稻田大学是亚洲最为国际化的大学，留学生数位居日本大学第一。江泽民、胡锦涛、克林顿等数十位国家领导人，在访日期间都选择了早稻田大学进行演讲。学校在政治学、经济学、法学、商学和机器人研究等诸多领域有着独特的优势，培养了30位日本文学最高奖芥川奖得主，被誉为“亚洲私立第一学府”。

早稻田大学人才辈出，被称为“政治家的摇篮”，历届日本首相中有7位毕业于早稻田大学，日本国会议员中也有近三分之一出身于早稻田大学。同时，学校还培养了大批商界精英，索尼、卡西欧、三星、东芝、乐天、任天堂、优衣库等众多著名公司的创始人及社长均为早稻田大学校友。

首尔大学

Seoul National University

首尔大学，建校于1946年，位于韩国首都首尔，有冠岳、莲建2个校区，主校区坐落在冠岳山公园森林之中，校园环境十分优美。首尔大学是韩国第一所国立大学，是韩国最高水平的教育与研究机构，位列全球大学50强。

学校建校以来，一直领导着韩国学术界的发展，为韩国培养出了一大批社会风云人物。首尔大学享有“韩民族最高学府”之称，是亚洲顶尖、世界知名的研究型综合大学。

韩国科学技术院

Korea Advanced Institute of Science and Technology

韩国科学技术院所在城市（韩国大田广域市）风光

韩国科学技术院，建于1971年，坐落在韩国大田广域市，是一所公立研究型大学。学校建有尖端科学研究所、科学英才教育研究所、数学研究所、纳米科学技术研究所、机械技术研究所和人工卫星研究中心、脑科学研究中心、半导体设计教育研究中心等9家研究所、34家研究中心及62家不同领域的研究室，堪称韩国基础和高技术研究的摇篮。韩国科学技术院是韩国最顶尖的理工类大学，位列全球大学50强。

高丽大学

Korea University

高丽大学所在城市（韩国首尔）风光

高丽大学，始建于1905年，前身为私立普成专门学校，是韩国第一个由民间资本设立的高等教育机构。现有首尔、世宗2个校区，校本部坐落在首尔东部，距市中心约2英里。学校拥有50万平方米的实验农场和14平方公里的森林。高丽大学长期位列全韩大学排名第2位、私立综合大学第1位。

高丽大学在教学和科研方面享有国际声誉，为韩国培养了大批产业化的核心骨干，是韩国世界500强企业CEO校友最多的大学，深受韩国国民的爱戴，被誉为“民族大学”。

延世大学

Korea University

延世大学，创建于1885年，前身是延禧大学和世博兰斯医科大学，1957年两校正式合并为今天的延世大学。学校共有3个校区，分别为新村校区、松岛国际校区、原州校区。延世大学与清华大学、北京大学、香港大学、加州大学伯克利分校等全球400多所大学签订了留学生交换协议，全球100多个国家的留学生在此就读。

延世大学工商管理学院极具国际竞争力，是韩国唯一一所获得三重认证的商学院，为全球培养了40多位世界500强企业的CEO。

成均馆大学

Sungkyunkwan University

成均馆大学，是韩国顶尖的私立大学，由首尔和水原2个校区构成，其历史可追溯至1398年成立的朝鲜王朝最高学府成均馆。成均馆大学在儒学学术研究、中国研究、移动通信系统工程、医学院、半导体系统工程等领域享有盛名。同时，成均馆大学与美国麻省理工学院合作开设的MBA课程被评为全韩第一。学校有6个专业位于世界50强，20个专业位于世界100强 。得益于三星电子在半导体领域的巨额投资，成均馆大学在纳米技术领域的研究实力位居世界前列。

马来亚大学

University of Malaya

马来亚大学，前身是1905年成立的爱德华七世王学院和1929年成立的莱佛士学院，1949年两校合并成立了马来亚大学。1956年，学校在新加坡和吉隆坡分别设立了两所分院；1960年，由于新、马两国分离，原吉隆坡分院成为现在的马来亚大学。

马来亚大学共有3个校区，主校区位于首都吉隆坡班台谷，另两个校区分别位于吉兰丹州和吉隆坡市中心。马来亚大学是马来西亚规模最大、最为著名的大学，是马来西亚首屈一指的研究型综合大学，尤以文理学科和医学著称。

马来亚大学所在城市（马来西亚吉隆坡）风光

马来西亚博特拉大学

Universiti Putra Malaysia

马来西亚博特拉大学所在城市（马来西亚吉隆坡）风光

马来西亚博特拉大学，始建于1931年，主校区位于马来西亚雪兰莪州沙登地区，距吉隆坡市中心25公里。学校是马来西亚最大的绿色校园环境的大学，还拥有一个十八洞高尔夫球场。

博特拉大学是一所成熟而现代的大学，拥有完善的教学设施和优秀的师资力量，致力于发展研究型教学，其农业与林业、石油工程专业位居世界大学学科100强。

希伯来大学

Hebrew University of Jerusalem

希伯来大学，始创于1918年，落成于1925年，是犹太民族的第一所大学，同时也是犹太民族在其祖先发源地获得文化复兴的象征。希伯来大学是以色列的最高学府，被誉为“中东的哈佛”。

希伯来大学有4个校区，分别是斯科普司山校区、吉瓦特拉姆校区、雷霍伏特校区和英科雷姆校区。希伯来大学是一所充满活力、集教学和研究于一体的国际知名大学。这里诞生了8位诺贝尔奖得主，爱因斯坦、弗洛伊德等都是希伯来大学的知名校友。

印度理工学院孟买分校

Indian Institutes of Technology, Mumbai

印度理工学院孟买分校，是印度理工学院的分校之一。印度理工学院由七所自治工程与技术学院组成，被称为印度“科学皇冠上的瑰宝”，是印度最顶尖的工程教育与科研机构。印度理工学院培养的IT人才遍及世界各地，尤以美国硅谷最多。学

印度理工学院孟买分校所在城市（印度孟买）风光

校为印度软件业在全世界范围内的发展作出了不可磨灭的贡献。在印度理工学院的所有分校中，孟买分校最具盛名。在世界大学排名中，印度理工学院孟买分校位居印度大学之首，是印度最顶尖、世界知名的公立研究型理工大学。

后　记

很多年以前，我看到有的家长或老师带着小孩或学生参观游览清华大学、北京大学等国内知名大学，也看到有很多学生在填报高考志愿时才开始匆忙地了解大学。于是，便萌生了汇编一本选介国内外名优大学之书的想法。经过三年多时间的筹备和选编，今天《看世界名校》终于要和大家见面了。在此，谨向关心、鼓励与支持我的多位教师、学生家长以及重庆出版社的同志们致以最诚挚的谢意！

在《看世界名校》中，为让广大读者更好地了解国内名优大学，特将中国的大学作为首篇。介绍国内大学时，资料主要来源自各校官网，重点对其校园风光、发展历程、师资力量、科研成果及特色优势等方面进行概要性选介；针对国外大学，由于参考资料较少，则重点选介了校园风光、获奖情况及特色优势等。由于篇幅所限，还有很多国内外名优大学未收录在此书，深感遗憾！

此书中所有图片，一部分属于本人自拍，另一部分均为本人取得授权许可使用的图片。在这里，本书还郑重说明，此书各篇章中所有大学介绍的先后顺序不代表各大学的排名次序。

《看世界名校》一书尽管历经艰辛收集资料、精心编写，但由于编者水平有限，书中难免存在不足和疏漏之处，恳请读者批评指正！

陈祖彬

2021年12月7日

图书在版编目（CIP）数据

看世界名校 / 陈祖彬主编. — 重庆 ：重庆出版社，2021.12
ISBN 978-7-229-16285-6

Ⅰ. ①看… Ⅱ. ①陈… Ⅲ. ①高等学校—西方国家—图集 Ⅳ. ①G649.1-64

中国版本图书馆CIP数据核字（2021）第249019号

看世界名校

KAN SHIJIE MING XIAO

陈祖彬　主编

策　　划　意正联文化传媒（重庆）有限公司
责任编辑　王　娟
责任校对　刘小燕
装帧设计　陈祖彬　徐维维

重庆出版集团
重庆出版社　出版

重庆市南岸区南滨路162号1幢　邮政编码：400061　http://www.cqph.com
重庆新金雅迪艺术印刷有限公司印制
重庆出版集团图书发行有限公司发行
E-MAIL:fxchu@cqph.com　邮购电话：023-45688108
全国新华书店经销

开本：787mm×1 092mm　1/16　印张：21.75
2021年12月第1版　2021年12月第1次印刷
ISBN 978-7-229-16285-6
定价：186.00元

如有印装质量问题，请向本集团图书发行有限公司调换：023-61520678